U0497892

二十一世纪普通高等教育人才培养"十四五"系列教材

ERP模拟仿真实训

主　编○钟永建　　徐　强　　肖　芳　　袁嘉琪
副主编○陈　辉　　陈静聪　　王　静　　谢惠英
　　　　王笑一　　张　琛　　杨　臻

西南财经大学出版社
Southwestern University of Finance & Economics Press

中国·成都

图书在版编目(CIP)数据

ERP 模拟仿真实训/钟永建等主编;陈辉等副主编.--成都:西南财经大学出版社,2024.8

ISBN 978-7-5504-6206-9

Ⅰ.①E…　Ⅱ.①钟…②陈…　Ⅲ.①企业管理—计算机管理系统　Ⅳ.①F272.7

中国国家版本馆 CIP 数据核字(2024)第 103781 号

ERP 模拟仿真实训
ERP MONI FANGZHEN SHIXUN

主　编　钟永建　徐　强　肖　芳　袁嘉琪

副主编　陈　辉　陈静聪　王　静　谢惠英　王笑一　张　琛　杨　臻

策划编辑:杨婧颖

责任编辑:杨婧颖

责任校对:雷　静

封面设计:何东琳设计工作室　张姗姗

责任印制:朱曼丽

出版发行	西南财经大学出版社(四川省成都市光华村街55号)
网　址	http://cbs.swufe.edu.cn
电子邮件	bookcj@swufe.edu.cn
邮政编码	610074
电　话	028-87353785
照　排	四川胜翔数码印务设计有限公司
印　刷	成都市新都华兴印务有限公司
成品尺寸	185 mm×260 mm
印　张	9.625
字　数	223 千字
版　次	2024 年 8 月第 1 版
印　次	2024 年 8 月第 1 次印刷
印　数	1—1500 册
书　号	ISBN 978-7-5504-6206-9
定　价	24.00 元

党的二十大报告指出："加快发展数字经济，促进数字经济和实体经济深度融合，打造具有国际竞争力的数字产业集群"，为企业推进信息化、工业化融合指明了方向。随着近年来信息技术的快速发展，企业资源计划（ERP）已成为现代企业管理的重要工具。ERP 沙盘模拟作为一种体验式教学方法，通过模拟企业运营的各个环节，帮助学生更深入地理解企业资源计划的管理思想、流程和操作技巧。

本教材编写组旨在为广大学生提供一本系统、实用的 ERP 沙盘模拟教程，帮助他们掌握 ERP 沙盘模拟的原理、方法和技巧，提高其企业运营和管理的能力。在编写过程中，我们注重将理论与实践相结合，力求将复杂的 ERP 沙盘模拟过程以简洁明了的方式呈现出来。同时，为使学生更好地理解和应用所学知识，本教材还配备了大量的案例、图表和实际操作讲解。通过学习本教材，学生能够全面了解 ERP 沙盘模拟的原理、流程、方法和操作技巧，掌握企业运营和管理的基本知识，进而提高解决实际问题的能力。我们希望能够帮助学生们更好地掌握企业运营和管理的基本知识和技能，为其未来的职业发展打下坚实基础。

本书总共分为六章，其中前三章属于基础篇，包括 ERP 沙盘模拟简介，规则说明、ERP 沙盘模拟的操作流程，这部分内容主要是对 ERP 的原理及 ERP 沙盘的操作规则进行说明，旨在帮助学生更深层次地理解和运用 ERP 系统。后三章属于提升篇，包括企业经营之道、经典案例分享、沙盘操作中的常见问题，这部分内容主要是针对 ERP 沙盘模拟及竞赛技能进行介绍，其中不仅包含了新商战 ERP 的操作技能，同时还融入了数智沙盘的思想和实务。

本教材在编写过程中得到了四川传媒学院科研处、传播与经管学院等单位领导和同事的大力支持和帮助，在此对他们表示衷心的感谢！同时，李佩洁、那娇、李雯、韩欣岑、向开艳、余雪、易婉婷以及张雯清等同学也为本教材的编写提供了大力支持，西南财经大学出版社的杨婧颖编辑对本教材的编写提出了大量宝贵意见，在此一并感谢！

由于各撰写人能力有限，加之时间仓促，因此书中难免有不足之处，我们由衷地希望得到广大读者和同行的批评指正。

编者

2024 年 3 月 15 日

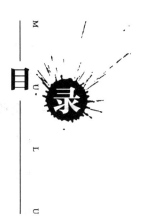

目 录

ERP 沙盘模拟简介

【本章目标】

了解 ERP 的概念及其产生原因，理解 ERP 的发展历程以及发展的根本动力。

熟悉 ERP 沙盘的工作原理，掌握电子沙盘与手工沙盘的特点，了解二者之间的关系。

【本章内容】

① ERP 的相关概述
② ERP 手工沙盘
③ ERP 电子沙盘

自工业革命以来，社会生产方式发生了巨大变化，其主要表现是机器生产取代了大量的手工生产，从而推动了生产规模的快速扩大。对于制造型企业而言，生产规模的极速扩大必然会对物料管理提出更高的要求，然而传统的物料管理方式却很难适应新的形势。在此背景下，ERP 应运而生。本章主要从 ERP 的概念入手，详细地讲述了 ERP 的产生过程，最后阐述了 ERP 是如何在教学中得到运用与实现的。

1.1　ERP 简介

ERP 的英文全称为 enterprise resource planning，即企业资源计划。该系统是随着社会经济发展而诞生的，主要面向制造业，以信息技术为载体，通过整合企业物料资源、资金资源、信息资源、人力资源以及产供销为一体的全新的管理系统。其特点是打破企业各部门的职能壁垒，从整个企业的供应链出发，通过有效整合利用企业自身资源，探索出一种低成本、高效益的运营模式。ERP 作为全新的管理模式，不仅对传统企业管理思想产生巨大影响，同时也对提升企业管理效率、完善企业组织结构、提升企业竞争力发挥显著积极作用。

ERP 管理既是一种管理理念的创新，更是一种管理方式的变革。其突出特点是企业管理信息化。从物理角度来看，企业管理涉及的内容较多，包括人事管理、资金管理、物流管理、生产管理、后勤管理以及其他管理，管理项目多且错综复杂，对管理人员的素质要求也较高。加之企业内各系统要素之间有一定的相互配比关系，这就要求领导者管理更为谨慎。ERP 管理系统将企业的各要素展示出来，并能实时跟踪其动态变化，对提升企业管理效率具有重大意义。

不仅如此，ERP 通过搭建企业内部资源与外部市场环境之间的沟通桥梁，能够很好地解决企业均衡生产与市场需求之间的供需矛盾。在一定时期内，产品的市场需求会出现波动，但总体上能基本保持一致，因此 ERP 系统让企业生产计划聚焦于某一时期，而非某一时点，并通过主生产计划进行统一协调，从而能够保证企业生产的相对稳定，实现二者之间的均衡。此外，从另一个角度也可以看出，ERP 对处理企业产能与客户产品需求也具有十分重要的意义。

具体而言，通过 ERP 系统，企业能够有效回答如下问题：

（1）客户需要什么产品？

（2）客户什么时候需要产品，企业能否在规定时间内完成？

（3）如果不能完成，那么在规定日期内可以承诺提供多少数量，以及完成所需产品的具体时点又是何时？

这些对销售人员而言意义非凡，因为它可以让其在与客户沟通时做到心中有数，避免不必要的麻烦，从而为客户的需求做出精准承诺。

1.2　ERP 的发展历程

自 18 世纪工业革命以来，新技术的不断创新推动了手工作坊向工厂生产的转变，从而催生了制造业的诞生。然而，日趋激烈的市场环境导致企业在生产过程中面临的问题也越来越突出，诸如不能保证原材料的及时供应、产品生产所需零部件的匹配协同性差、人力资源浪费严重、货物积压以及客户订单供应不精准等问题。通过研究发现，这些问题的根本原因在于原料采购控制问题。为解决这一问题，研究人员提出了订货点法。订货点法是指企业对某一物料库存设定一个订货点和安全库存点，当物料库存减少到订货点时即发出采购单；当该批物料到达时，库存中原料刚好下降到安全库存点，从而能及时弥补前期减少量。订货点法能在一定程度上解决材料采购的问题，但是其不足在于将产品生产所需各项材料割裂开了，未考虑到产品生产所需材料的匹配关系，因此对提高企业运营生产效率的作用效果不够显著。然而，我们也要清晰地认识到，订货点法产生的时代背景，在当时没有计算机进行辅助处理数据的情况下，能够用数学公式去规范企业原材料采购，对比从前已经有了很大的进步。

随着计算机的诞生，及时处理生产中产生的庞大数据成为可能。同时，计算机技术也推动了企业原材料管理更为先进的思想及方法。

其中最典型的是物料需求计划（material requirement planning，MRP）。相较于订货点法，MRP 的贡献在于从产品的材料结构去考虑库存，而不是将不同材料单独地割裂开来，从而有利于从整体上来优化库存，实现原料之间的有效配比，降低库存，减少积压，提升原材料的利用效率，进而增强企业竞争力。此外，MRP 在物料管理过程中还引入了时间坐标。具体而言，MRP 在管理物料过程中不仅考虑了物料之间的配比关系，同时也追踪物料的状态，即何时到达、何时发出、分批次还是一次性到达等问题。企业引入 MRP 能在很大程度上实现了优化库存的目标。

MRP 作为一种新的物料管理系统，对于提升企业物料管理具有十分重要作用。但是随着经济社会的发展，以及企业认知的不断提升，其局限性也越发明显。企业物料管理还会涉及企业的生产计划和采购计划，于是具有创新意识的企业便在 MRP 系统中加入了生产计划和采购计划，便形成了较为完善的闭环 MRP。该系统在实际运用中遵循"计划—反馈—修正—再计划"的循环模式，使物料管理的体系更为完善。

闭环 MRP 使得企业生产计划各子系统实现了有机整合，提升了企业物料管理水平。但随着闭环 MRP 的深入实施，人们在实践中发现企业物流与资金流信息之间常出现矛盾的现象，而且事后溯源的工作量也非常大，因此企业强烈要求二者能实现有效的结合。由此，MRP II 便应运而生。

MRP II 将企业各系统有机结合起来，实现了对企业整体运营的模拟仿真。它犹如作战时的沙盘，使我们能够从整体上去把握企业各项资源情况，成为企业领导者决策的重要工具。MRP II 的先进之处不仅仅是将各系统有机整合，更为重要的是，它能够借助计算机强大的运算功能，快速准确地对企业复杂的数据进行分析，让各子系统在统一的数据环境下工作，实现整个企业的精准生产。因此，有人评价 MRP II 恰如"靠仪表来驾驶的飞机"。

自 20 世纪 90 年代以来，经济全球化的趋势越来越明显，市场环境也变得更加扑朔迷离。因此要使企业在激烈的竞争环境中脱颖而出并取得胜利，我们就必须审时度势地分析企业内外环境，以客户为中心，以市场为导向，根据需求的变化及时有效地作出战略调整。因此，人们对于能够反映企业内外环境的管理系统的呼声越来越高。在此背景下，ERP 顺势而生。图 1.1 为 ERP 的发展历程。

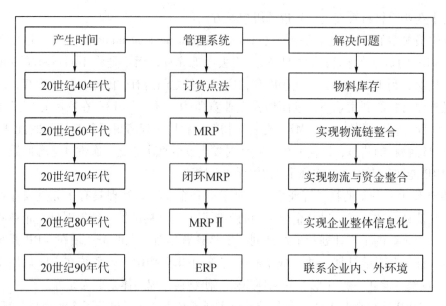

图 1.1 ERP 的发展历程

1.3 ERP 沙盘模拟简介

"沙盘"最早源于军事作战，它是指通过"聚米为山谷，指画形势"，让指挥长有种"虏在吾目中矣"的感觉，从而做到运筹于帷幄之中，而决胜于千里之外。因此，在很长一段时间里，沙盘都被运用于军事领域。随着近代科学技术的不断发展，特别是计算机信息技术的出现及普遍应用，为 ERP 沙盘的诞生提供了重要技术支持。

随着社会经济的快速发展，企业面临的竞争形势越来越复杂，这对高等教育的人才培养，特别是商科人才的培养提出了新的要求。传统的经管人才培养重理论、轻实践，学生的知识获取主要来源于书本，导致其知识迁移能力相对较弱，解决实际问题的能力有待提升。因此，很多学生毕业走上工作岗位后还要经历一段时间去学习提升。

为此，构建 ERP 沙盘模拟，即企业经营沙盘模拟，不仅可以有效地解决企业认知难的问题，而且可以通过一系列的对抗，提升同学们的综合素质与能力。据记载，ERP 沙盘模拟最早起源于瑞典皇家工学院克拉斯·格兰（Klas Mellan）于 1978 年开发的课程，是一种以体验式培训方式锻炼学生能力的课程。ERP 沙盘模拟的核心思想在于企业运营的可视化。通过在系统内提前设置一些规则，划分战略中心、生产中心、物流中心、营销中心以及财务中心等不同模块，同学们以 6 个人为一组分别模拟不同企业，并担任总经理、财务总监、生产总监以及营销总监等角色。各组初始状态相同，即每个组的初始资金相同，面临的市场环境相同，然后各组根据企业内外环境进行评估并制定发展战略，最终完成 6 年的模拟经营。

在沙盘对抗中，各组都是处于完全竞争的市场状态，因此要确保顺利完成 6 年的经营，就必须要求团队成员群策群力、相互配合，充分发挥各自的角色职能，这无疑有利于同学们团队意识的培养。此外，在对抗中，同学们面对复杂的市场环境，必须具备一定的战略规划思维、财务分析能力、市场营销以及组织生产等多方面的能力与意识。

总体来说，ERP 沙盘模拟是对经管专业传统教学模式的变革，打破了经管实践教学的壁垒，对于提升学生们的综合素质具有极其重要的作用。

1.4　ERP 手工沙盘与电子沙盘

目前用于教学的 ERP 沙盘分为手工沙盘与电子沙盘，二者操作流程基本相同，都是模拟企业 6 个生产经营年度，每个年度又分 4 季，全年整体运营流程如图 1.2 所示：

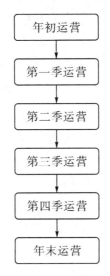

年初运营

第一季运营

第二季运营

第三季运营

第四季运营

年末运营

图 1.2　年度运营流程

1.4.1　ERP 手工沙盘概述

手工沙盘作为沙盘入门的必备环节，是认识 ERP 沙盘工作原理的必修单元。手工沙盘如图 1.3 所示，其盘面分为营销与规划中心、物流中心、财务中心、生产中心四个板块，虽然四个板块所对应的职能不同，但它们之间的内在逻辑却紧密相连。

其中营销与规划中心，主要是由营销总监负责，其主要职责是开拓市场、产品资格认证以及 ISO 质量认证。手工沙盘模拟中，设定的市场分为本地市场、区域市场、国内市场、亚洲市场以及国际市场。只有在不同市场投入相应的资金才能获得该市场的订单，否则该公司不能进入该市场。系统设置的产品有 P1、P2、P3 以及 P4。对于每一种产品，同样也需要投入相应的研发资金方可获得生产资格。同时，还要注意在研发不同产品时，每一种产品所需的原材料构成，比如 P4 产品的生产就需要 P1 作为其原材料之一。而 ISO 9000 与 ISO 14000 是产品的质量认证标准。企业只有获得了认证，才能获取相应的产品订单。

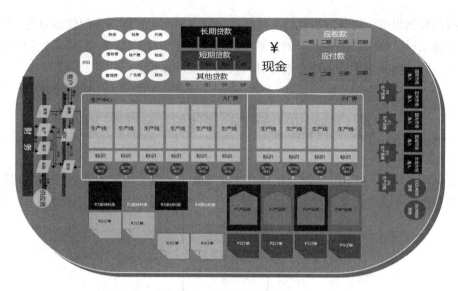

图 1.3　手工沙盘盘面

财务中心由财务总监与财务助理负责。在手工沙盘模拟中，财务中心的工作内容最为繁杂，因此系统对这两个岗位的任职要求也较高。从盘面上我们可以看出，财务中心工作内容较多，涉及金额较大，变动频繁，并且要求每笔现金的流向都要与企业的相应业务完全吻合，否则就会出现账实不符的情况。另外，财务中心还需要注意的是，沙盘中会计时间的最小单位为"季"。

生产中心主要由生产总监负责。其职责主要有：

（1）负责厂房的规划与设计。

（2）负责生产线的选择、安装与维护。

（3）根据订单情况组织产品生产加工，并根据每年订单与市场情况实时调整生产方案。

（4）负责对原材料的采购与管理，确保材料及时、充足但不积压。

（5）配合其他职能部门的工作。

物流中心的主要职责是对产品和原材料的入库、发放管理，实时同生产中心进行对接，确保生产的连续性。

此外，我们从盘面的最左边可以看到企业的整个经营流程，ERP 系统将上游供应商与下游客户有效联系起来，从而使用者可从整个产业链的角度去审视企业经营的一般流程。

ERP 手工沙盘的主要特点如下：

（1）对团队内成员的相互协作能力要求较高。在操作中，每个团队须在总经理的统一指挥下，密切配合，有条不紊地操作，特别是教具的移动和摆放要高度一致，否则整个沙盘就会乱成一团，毫无章法。

（2）财务中心的重要性更为突出。企业在模拟经营过程中，每项业务的开展都必须与资金流相吻合。从最开始的建成布线，再到材料采购与投产，最后到卖出产品与回款都必须体现在资金流的变化上，否则整个企业的生产就难以评估盈亏状况。同样，在沙盘中，每移动一项教具，必须先与财务中心进行对接确认，否则最后就会出现账实不符的情况。

（3）更注重对企业经营逻辑的训练。手工沙盘中，同学们必须熟悉企业经营的每一个环节，对每一笔资金的流向都必须明了，这是做好手工沙盘的基本要求，否则企业经营将无法进行。在此基础上，每个团队再进行战略规划与竞争对抗。

（4）操作时间漫长。由于学生需要完成手工沙盘中每个环节，同时还需要与老师进行教具交换，因此整个过程比较耗时。同时，每个团队在经营过程中，需要不断复盘、检验，以确保各环节、各中心的协同匹配，因此整个操作周期较长。

1.4.2　ERP 电子沙盘概述

ERP 电子沙盘作为手工沙盘的技术延伸，是以计算机为载体，以信息技术为技术支撑的全新沙盘模式。目前，各大高校所运用的主要是用友的"创业者"企业模拟经营系统以及新道科技公司的新商战 ERP 系统。相较于手工沙盘，电子沙盘更注重锻炼同学们的战略规划能力，更突出对其领导者素养的培养。

在电子沙盘中，基于 ERP 软件系统的设定，整个操作流程较为清晰直观，同学们只要对操作规则足够熟悉就能够进行操作。通过简化流程、设定步骤，ERP 更侧重培养同学们对企业整体战略规划的思考。但值得注意的是，电子沙盘对同学们的财务能力提出了较高要求。因为在电子沙盘中企业资金流动的记录由系统自动完成的，如果团队在操作过程中没有对各项现金流进行跟踪记录，并深入分析其他财务数据，那么就可能会出现现金断流甚至破产而不自知的情况。因此，同学们在电子沙盘操作过程中，一定要充分利用财务信息表，时刻关注企业的财务情况。

ERP 电子沙盘的主要特点如下：

（1）基于 Web 操作平台，采用 B/S 架构，能够实现操作流程清晰化。电子沙盘本身设置了企业经营模拟的过程，所有的操作只需要按规定的步骤进行即可，因此操作流程更为简单、清晰。

（2）重点锻炼同学们的企业战略规划能力，突出对领导者素质的培养。ERP 电子沙盘让同学们从手工沙盘烦琐的教具转移中脱离出来，因此同学们可以更专注于企业的战略规划。

（3）信息反馈及时有效。由于各组企业信息数据能在教师端实时自动生成，如自动生成企业财务报表、选单情况、交货情况、生产情况、资格认证以及企业综合排名等信息，因此教师可以实时分析各组经营情况。

（4）可以根据需要对市场环境进行重置。在系统中，教师可以根据教学情况对市场环境以及相关参数进行设置，从而锻炼同学们在不同环境下的市场博弈能力。

（5）对同学们的财务能力有一定的要求。在电子沙盘中，企业所有财务数据都是系统在年度结束后系统自动生成的，而在运营期间的财务数据同学们则只能自行记录。

1.4.3　电子沙盘与手工沙盘关系

（1）ERP 手工沙盘与电子沙盘的相同点

ERP 沙盘模拟分为手工沙盘和电子沙盘两种形式。二者在沙盘形式、初始状态、运行规则、监控方法等方面存在诸多相同之处，但是也存在以下区别：

①ERP 手工沙盘与电子沙盘的运行原理完全相同

ERP 手工沙盘和电子沙盘实验都是围绕制造企业的"产—供—销"的基本业务对企业"人—财—物"的资源进行调配与组织的。二者均涵盖了企业的主要资源，包括人、财、物和信息等资源，以及企业的主要运营环节，包括采购、销售、生产、融资以及收款等环节。因此，从原理上来看二者完全相同，只要熟悉了沙盘运营规则就可以进行操作。

②ERP 手工沙盘和电子沙盘的运行规则相同

ERP 手工沙盘与电子沙盘在模拟企业的运行规则相同。在初始状态中，每个企业都是新企业，都拥有 600 万元的初始资金，并且在企业进行经营管理的过程中，所涉及的原材料采购规则、产品生产规则、市场销售规则、新产品研发规则、市场开拓规则以及 ISO 认证规则等基本相同，两者的区别主要在于其操作流程存在一定差异。

③ERP 手工沙盘和电子沙盘的角色分工相同

ERP 手工沙盘和电子沙盘都需要对参与实验的学生进行角色分工，角色主要包括首席执行官（CEO）、财务总监（CFO）、采购总监（CBO）、生产总监（CPO）、营销总监（CMO）等，每个角色都有相应的职责和权限。因此，团队成员通力合作方可确保企业正常经营。在手工沙盘中，每个角色都有明确的职责和任务，而电子沙盘由于只有一个输入端口，因此角色的分工略显得不那么重要。

（2）ERP 手工沙盘与电子沙盘的区别

① 训练侧重点不同

ERP 手工沙盘在运行过程中，每个角色都需要非常清晰地知道自己的职责，并且要求与其他岗位高度配合，企业运行的每一个环节都必须完成，因此它重在培养同学们对企业运行逻辑的训练。而 ERP 电子沙盘由于采用了软件运行，很多信息都可自动生成，很多流程都只是通过点击鼠标就可完成，运行流程大大简化，但更突出整个团队的战略规划的重要性，否则很容易在激烈的竞争环境中破产。

②模拟规则不同

ERP 手工沙盘和电子沙盘模拟的规则在企业贷款、市场研发和产品研发等方面是相同的，而其他方面有一些差别，电子沙盘的运行规则更接近企业的实际经营。电子沙盘中系统设置了十多种规则，且每种规则下的市场情况不同。因此，相较于手工沙盘，电子沙盘的规则更为复杂。

③可变参数及考虑因素有所不同

与手工沙盘相比，电子沙盘的使用者可以考虑的变量更多，挑战性更强。

综上所述，ERP 手工沙盘模拟实训具有直观性和趣味性的特点，使学生在实训过程中能够亲身参与企业的经营过程，从而增强职业使命感。但是 ERP 手工沙盘模拟存在运行监控难度大的问题，指导教师必须花费大量时间和精力来进行监控，否则学生容易产生作弊等行为。相比之下，ERP 电子沙盘的可控性强，监控工作量小，学生的每步操作都需要输入电脑，且每步操作都具有不可逆转性，迫使学生在进行操作时更加谨慎，能更认真负责地对待每一项决策。但是 ERP 电子沙盘缺乏手工沙盘的真实感，它更接近于一个财务软件，导致在实训时学生的参与程度差别很大，部分学生在课堂上的参与度不高，显得无所事事。

规则说明

【本章目标】

了解 ERP 电子沙盘的生产采购规则、市场营销规则、财务管理规则以及其他规则，熟悉各规则之间的内在逻辑关系；并在此基础上，学会制定企业短、中以及长期战略。

【本章内容】

① 生产采购规则

② 市场营销规则

③ 财务管理规则

在 ERP 电子沙盘对抗中，通过引入 ERP 软件搭建一个完整的市场环境，每个小组模拟一家企业进行生产经营，因此在经营过程中各小组之间具有竞争关系。在一定经营周期内，在确保不破产的情况下，如何制定企业战略规划，提高自身竞争力是各小组面临的最大挑战。制定好企业战略的前提是必须对 ERP 的运行规则非常熟悉，本章就 ERP 电子沙盘的运营规则进行解读说明。

2.1 生成采购规则

2.1.1 厂房

厂房是制造型企业的必备生产要素，电子沙盘系统提供了四块"空地"供建设厂房，其中厂房又分为大厂房、中厂房与小厂房三种规格，具体如表 2.1 所示。

表 2.1　厂房信息

名称	购买价格/万元	租金/万元·年$^{-1}$	出售价格/万元	生产线数量/条
大厂房	400	40	400	4
中厂房	300	30	300	3
小厂房	180	18	180	2

系统中，大厂房的购买价格最高，为 400 万元，且须一次性支付。出售时按原值 400 万元出售，也可以采用租赁的方式，每年支付租金 40 万元。一间大厂房同时可容纳 4 条产线。中厂房的购买价格为 300 万元，购买时须一次性支付全部费用方可获得所有权，出售时按原值 300 万元出售。如果采用租赁方式使用，每年租金为 30 万元，同时可容纳 3 条产线。小厂房的购买价格最低，为 180 万元，同样也不能分期支付，出售时同样按原值 180 万元出售，租金每年为 18 万元，同时可容纳 2 条产线。

所有厂房在租入后须满一年方可进行租转卖、退租等处理。若无修改操作，系统则自动续租并扣除相应租金。租转卖、退租则需手动点击相应按钮。若租期不满一年，则按一年支付租金，每年支付租金的时间为租入当季之后每年同季度的季末。比如，企业在第一年第二季度选择租入 1 间大厂房，则需在租入时应支付第一年租金，以后每年的租金由系统自动在当年第二季度季末支付。厂房购置没有周期时限，一次性支付足额资金即可获得相应厂房。厂房可以随时按原值出售，但出售所得收入有 4 个账期。若企业资金紧张，可以对卖出厂房所得应收账款进行贴现，贴现利息按财务规则执行。

厂房作为企业的大型固定资产，对企业的资金需求较大，因此对于初创期的企业，建议选择"以租代购"策略，这不仅可以在很大程度上缓解企业的资金压力，同时节省下来的资金也为企业的进一步发展提供支撑。

此外，需要注意的是企业在初期就要做好厂房的长远规划，尽量选择合适的厂房类型，以避免后期因更换厂房而带来的复杂流程和潜在损失。比如，前期租（购）了一间中厂房，厂房内已经安装好了生产设备，如果经营后期想置换一间大厂房，则需要将中厂房的所有生产设备清除，再将中厂房退租或卖出，才能建设新厂房，如此一来对企业造成的损失是不可估量的，还会因耽搁生产而影响企业经营。因此，在前期企业一定要从长远打算，做好合理规划。

2.1.2　生产线

ERP 沙盘模拟系统设置了四种规格的生产线供选择，即超级手工、自动线、柔性线以及租赁线，具体如表 2.2 所示。

表 2.2　生产线信息

名称	投资总额/万元	需每季投资/万元	安装周期/季	生产周期/季	转产费用/万元	转产周期/季	维修费/万元·年$^{-1}$	残值/万元	折旧费/万元	折旧时间/年
超级手工	35	35	0	2	0	0	5	5	10	3
自动线	150	50	3	1	20	1	20	30	30	4

表2.2(续)

名称	投资总额/万元	需每季投资/万元	安装周期/季	生产周期/季	转产费用/万元	转产周期/季	维修费/万元·年$^{-1}$	残值/万元	折旧费/万元	折旧时间/年
柔性线	200	50	4	1	0	0	20	40	40	4
租赁线	0	0	0	1	20	1	65	−65	0	0

超级手工线是所有自有产线中投资最少的生产线，总投资额为35万元，每季投资35万元，并于当季投入使用。生产周期为2个季度，即每2个季度生产1个产品，一年生产2个产品。比如，第一季开始生产，第二季结束可以完成入库。由于当季完工入库产品不能立即卖出，因此该批产品只能等到第三季度才能卖出；第三季度投产的产品，第四季度结束完工入库，同样只能等到下一季度才能卖出。因此，一条超级手工线一年虽然能生产2个产品，但是当年只能卖出1个。超级手工线无转产周期与转产费用，每年维修费为5万元，残值为5万元，折旧费每年10万元，折旧周期为3年。超级手工线的安装周期短，一旦确定安装，中途不能终止，且安装费用一次性支付。

自动线总投资额150万元，每季投资50万元，安装周期为3个季度，生产周期为1个季度，即1个季度生产1个产品，一年生产4个产品。但第四季度投产的产品要等到下一年第1季才能完工入库，因此虽然一年生产4个产品但实际只能卖出3个。自动线的转产周期为1个季度，即如果需要转产则需要停产1个季度，转产费用为20万元。每年维修费为20万元，残值为30万元，折旧费每年30万元，折旧周期为4年。自动线的安装周期为3个季度，每季度支付的费用不可改变，但是如果安装过程中遇到资金短缺，可以中途停止，待资金宽裕后再在已安装基础上完成剩下安装任务。例如，企业在第一季度投入50万元的安装费用，因为第二季度资金紧张，可以选择中断；假如第三季度有宽裕资金，可再投入50万元，完成第二期的安装任务；假如第四季度资金紧张，可以在下一年资金宽裕时再完成后期安装任务。安装费用按期支付，即安装时才产生费用，不安装不产生费用。

柔性线是所有产线中投资总额最大的，总投资额为200万元，每季投资50万元，安装周期为4个季度，生产周期为1个季度，即每1个季度生产1个产品。和自动线一样，虽然一年生产4个产品，但是第四季度投产的产品要等到下一年的第1季才能完成入库，因此每年生产4个产品，实际只能卖出3个。无转产周期与转产费用，每年维修费为20万元，残值为40万元，折旧费每年40万元，折旧周期为4年。柔性线的投资费用最大，安装周期最长，安装过程中可以中断，待资金宽裕时可在前期基础上继续安装。

租赁线无安装成本和安装周期，只需每季度支付租赁费。租赁线的生产周期为1个季度，即每1个季度生产1个产品，一年生产4个产品。和自动线、柔性线一样，第四季度投产的产品须等到下一年的第1季才能完工入库，转产周期为1个季度，即如果需要转产，需要停产1个季度，转产费用为20万元，残值为−65万元，无折旧费和折旧周期。租赁线和超级手工线相同，无安装周期，可直接投入使用，但租赁线的产权不属于企业，每年需投入65万元的租赁费用。如果不续租，学生需手动点击退租操作，否则系统会默认续租并自动扣费。

生产线建成当年，企业需要缴纳维护费，当年建成或未建成的生产线均不折旧。生产线在生产过程中不能加速、减速，更不能中断。生产线只能在空闲时转产，无论何时出售生产线，价格均为残值，净值与残值之差计入损失。比如，第一年第三季建成自动线，总成本为150万元，折旧时间为4年，每年折旧30万元，最后残值为30万元，则第二年折旧30万元，净值为120万元（账面价值150万元-折旧30万元），第三年净值为90万元（账面价值150万元-第二年折旧30万元-第三年折旧30万元）。如果此时出售该条生产线，其售价为30万元，其收入（30万元）与净值（90万元）之间的差额（60万元）计入损失（综合费用-其他）。

生产线作为制造企业的重要固定资产之一，对企业生产具有十分重要的作用。因此企业在期初就要合理规划与布局，避免因中途更换生产线而对企业造成巨大损失。此外，需要说明的是，超级手工、自动线与柔性线都是企业资产，而租赁线只是租用生产线，其不能是企业资产，而且生产线的租赁费用每年为65万元，不满一年也按一年计算。因此，企业在生产经营过程中，若不是特别需要，一般不建议选择。

2.1.3 产品

在ERP沙盘模拟中，系统设置了四种类型的产品供选择，即P1、P2、P3与P4，具体如表2.3所示。

表2.3　产品信息

名称	开发费用/万元·季$^{-1}$	开发周期/季度	加工费/万元	直接成本/万元	产品组成
P1	10	2	10	20	R1×1
P2	10	3	10	30	R2×1+R3×1
P3	10	4	10	40	R1×1+R3×1+R4×1
P4	10	5	10	50	P1×1+R1×1+R3×1

对于初创型企业，其必须进行产品研发，否则不能获得相应产品的生产资格。系统中设置了四种不同类型的产品，具体差异体现在开发周期、直接成本以及产品组成上。

P1产品研发周期最短，仅为2个季度，如企业第一年第一季度开始研发，第二季度末即可获得生产资格，第三季度即可进行生产，总研发费用为20万元。其原材料较为简单，一个P1产品只需要一个R1即可，加工费为10万元，所以生产一个P1的直接成本为20万元。通过查看市场预测表，我们可以发现P1的市场单价在50万元左右，因此，生产一个P1的毛利在30万元左右。

P2产品的研发周期为3个季度，如企业第一年第一季度开始研发，第三季度末即可获得生产资格，第四季度即可进行生产，如果生产周期为一个季度，则下一年第一季即可以交付产品。总研发费用为30万元，材料为一个R2和一个R3，加工费为10万元，所以生产一个P2的直接成本为30万元。一般情况下，P2的市场单价在70万元左右，因此，一个P2产品的毛利在40万元左右。

P3产品的研发周期为4个季度，如企业第一年第一季度开始研发，第四季度末即可获得生产资格，下一年第一季度即可进行生产，如果生产周期为一个季度，则第二年第二季度末可以交付产品。总研发费用为 40 万元。其材料为一个 R1、一个 R3 以及一个 R4，加工费为 10 万元，所以生产一个 P3 的直接成本为 40 万元。一般情况下，P3 的市场单价在 90 万元左右，因此，一个 P3 产品的毛利在 50 万元左右。

P4 产品的研发周期最长，为 5 个季度，如企业第一年第一季度开始研发，第四季度末即可获得生产资格，下一年第二季度即可进行生产，如果生产周期为一个季度，则第二年第三季度末可以交付产品。总研发费用为 50 万元。其材料为一个 R1、一个 R3 以及一个 P1，加工费为 10 万元，所以生产一个 P4 的直接成本为 50 万元。一般情况下，P4 的市场单价在 120 万元左右，因此，一个 P4 产品的毛利在 70 万元左右。

产品研发时间虽不能缩短，但可以中断。例如，企业在第一年前三个季度都在研发 P4，但是到了第四季度时由于资金压力较大，可以暂时中断研发，待第三年第一季度资金较为宽裕时，可继续在前面已经研发的基础上继续投入，直到研发周期结束，方可获得相应的生产资格。

仅从收益的角度来看，P1 的边际贡献最低，属于低端产品，而 P2、P3、P4 的单位边际贡献分别为 40 万元、50 万元、70 万元。因此从长远收益来看，企业生产应考虑往高端产品发展。当然，在考虑收益的同时，还要结合每种产品的未来价格走势、市场需求量等情况。

从风险控制的角度来看，企业在生产过程中一般应考虑产品多元化的问题。在考虑产品多元化的问题时，我们可以将共用材料作为一个标准，尽量选择共用材料多的产品进行产品组合。P1、P2、P3、P4 四种产品共用情况如表 2.4 所示。如果选择 P1 与 P4 进行组合，则每季度只需要采购 R1 和 R3 两种材料，材料品种相对简单；如果生产 P2 和 P3 的话，则每季度需要采购 R1、R2、R3 和 R4，材料品种相对复杂。此外，从转产的角度来看，如果生产 P1 转产 P2，则需要重新采购 R2 和 R3，如此一来成本相对较高。同样，如果生产 P2 转产 P3，则需要重新采购 R1 和 R4。因此，企业初期一定要做好决策，明确生产何种产品及其生产规模。

表 2.4　材料构成表

名称	R1	R2	R3	R4
P1	1			
P2		1	1	
P3	1		1	1
P4	2*		1	

注：* P4 的材料之一 P1，其最终材料还是体现在 R1，故此处为 2。

2.1.4　原材料

由产品的材料构成可知，在 ERP 沙盘中总共四种原材料（P4 的原材料之一 P1，其材料最终体现在 R1），即 R1、R2、R3 和 R4。对于生产总监而言，除了关注原材料的数量外，同时也关注原材料的单价与提前期，具体如表 2.5 所示。

表 2.5　原材料信息

名称	采购单价/万元	提前期/季
R1	10	1
R2	10	1
R3	10	2
R4	10	2

在 ERP 沙盘中，每一种原材料的单价都为 10 万元，主要区别在于采购周期不同。R1 和 R2 的采购周期为一个季度。如按照生产计划，需要在第三季度用原材料 R1 或 R2，则最迟应该在第二季度采购，否则就不能准时购进原材料，导致生产线会因材料不足而无法生产。R3 和 R4 的采购周期为两个季度，如按照生产计划，需要在第三季度用原材料 R3 或 R4，则最迟应该在第一季度初采购，否则就会面临材料不足的风险。

【举例】

假定每种原材料单价均为 10 万元，若某企业在第一季度订购了 R1、R2、R3、R4 各 1 个，第二季度又订购了 R1、R2、R3、R4 各 2 个，则第二季度更新原料操作时，需支付的材料采购款为 20 万元（系第一季度订购的 R1 和 R2 材料款），第三季度更新原料操作时，需支付的材料采购款为 60 万元（系第一季度订购的 R3、R4 材料款和第二季度订购的 R1、R2 材料款），采购原理分析过程详见图 2.1。

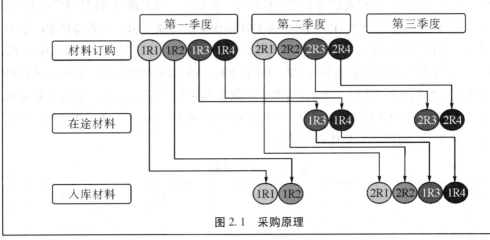

图 2.1　采购原理

采购原材料时不需要支付费用，当原材料入库时才需支付材料费，一旦采购就不能撤销或延迟办理入库。因此要合理规划好现金，避免出现因现金不够而不能办理入库的情况，从而导致整个生产停滞。此外，除了要规划好材料采购提前期外，还需要做好数量的确认，避免因材料不足导致无法生产。

一般在制订材料采购计划的时候，我们可以通过预算表进行合理规划，比如某企业有 2 条自动线生产 P2，2 条自动线生产 P3。若所有生产线都是在第一年第一季度开始建设且从未中断，产品研发也是第一年第一季度开始且未中断，P2 和 P3 的研发周期分为 3 个季度和 4 个季度，因此 P2 最早投产是第一年第四季度，P3 最早投产是在第二年第一季度，自动线的建设周期为 3 个季度，因此第一次材料采购计划如表 2.6 所示。

表 2.6　材料采购计划表

项目	R1	R2	R3	R4
第一季度				
第二季度			2	
第三季度		2	2	2
第四季度	2			
合计	2	2	4	2

因此，如果后期生产相对稳定，则每期材料采购都可按照 2R1、2R2、4R3、2R4 的固定数量进行采购。

2.2　市场营销规则

2.2.1　市场划分与市场准入

市场情况是企业生产发展的重要元素，决定了企业的销售潜力。市场越大说明企业的销售空间和销售潜力越大，市场越小则企业的销售渠道越狭窄，面临的竞争越激烈。因此只有不断拓宽市场，开发新的销售渠道才能为企业赢得更广阔的销售天地。

在 ERP 沙盘中，系统设置了本地、区域、国内、亚洲以及国际市场。不同市场单位的年投资额相同，都是每年 10 万元，区别在于各个市场的开拓周期和投资总额不同，具体如表 2.7 所示。

表 2.7　市场情况

市场名称	投资费用/万元·年$^{-1}$	投资时间/年
本地市场	10	1
区域市场	10	1
国内市场	10	2
亚洲市场	10	3
国际市场	10	4

本地市场和区域市场的开拓周期都是 1 年，总投资额均为 10 万元。市场一旦开拓成功，企业即可永久获得该市场的投放广告和选（竞）单的权利。国内市场开发周期为 2 年，每年投入 10 万元，总投资额为 20 万元。亚洲市场的开发周期为 3 年，每年投入 10 万元，总投资额为 30 万元。国际市场开发周期为 4 年，每年投入 10 万元，总投资额为 40 万元。

假定本地市场、区域市场、国内市场、亚洲市场和国际市场的开拓期分别为 1、1、2、3、4 年，开拓费用均为每年 10 万元，若企业从第一年末开始开拓所有市场，且中间不中断投资，则：

第一年需支付 50 万元（各类市场各 10 万元）的市场开拓费用，当年即可完成本地和区域市场的开拓。企业可在第二年初的订货会上对本地市场、区域市场投放广告并选取订单。

第二年年末需支付 30 万元（国内市场、亚洲市场、国际市场各 10 万元）的市场开拓费用，当年可完成国内市场的开拓，即在第三年年初的订货会上可对本地市场、区域市场和国内市场投放广告并选取订单。

第三年年末需支付 20 万元（亚洲市场、国际市场各 10 万元）市场开拓费用，当年可完成亚洲市场的开拓，即在第四年年初的订货会上可对本地、区域、国内和亚洲市场投放广告，并选取订单。

第四年年末需支付 10 万元（国际市场 10 万元）市场开拓费用，当企业完成国际市场的开拓，即在第五年年初的订货会上可对所有市场投放广告，并选取订单。

市场开拓活动每年进行一次，即企业在每年年末支付市场开拓费用。开拓期间可以根据企业资金情况选择是否中断，比如第一年和第二年都投入了资金开拓亚洲市场，第三年企业资金紧张可以选择暂停一年投资，在第四年又继续投入直到市场开拓完成并获得市场资格。其中，本地市场和区域市场因开拓周期为 1 年，因此不能中止。亚洲市场开拓周期最长为 4 年，而在电子沙盘模拟中，系统设置的营运周期为 6 年，因此任何市场一旦投入开拓，都必须最晚在第六年年末开拓成功，否则将无法获得相应的市场资格。例如，企业在第四年年末开始投资开拓国际市场，则获取市场资格在第七年年末，这已经超出系统最长年限，因此该企业无法获得该市场资格。

市场开拓可以根据资金情况选择是否中断，但开拓时间不能缩短。同样，不是所有的市场都要开拓，每个团队要根据各自战略规划进行选择。但在一般情况下，随着竞争的加剧以及产能的增加，开拓更大、更多的市场已然是企业发展的必然选择，因此要提前做好市场规划。

2.2.2 市场预测

市场预测是对市场未来趋势的判断，市场预测可以为企业的产品计划和市场计划提供重要支撑，从而提升企业的竞争力。

在 ERP 电子沙盘中，系统会提供 P1、P2、P3 和 P4 分别在本地市场、区域市场、国内市场、亚洲市场以及国际市场每一年的产品单价、总需求量以及订单量，具体如表2.8、表2.9 及表 2.10 所示。

表 2.8　市场预测表——均价　　　　　　　　单位：万元

序号	时间	产品	本地市场	区域市场	国内市场	亚洲市场	国际市场
1	第二年	P1	50.82	51.44	0	0	0
2	第二年	P2	71.52	68.05	0	0	0
3	第二年	P3	90.00	92.40	0	0	0

表2.8(续)

序号	时间	产品	本地市场	区域市场	国内市场	亚洲市场	国际市场
4	第二年	P4	101.11	112.38	0	0	0
5	第三年	P1	50.69	53.53	50.94	0	0
6	第三年	P2	71.65	72.00	71.70	0	0
7	第三年	P3	90.67	91.41	93.37	0	0
8	第三年	P4	115.50	106.22	103.30	0	0
9	第四年	P1	53.44	51.64	50.69	49.79	0
10	第四年	P2	73.49	71.11	72.45	71.81	0
11	第四年	P3	92.55	89.69	91.86	92.27	0
12	第四年	P4	106.10	105.75	104.11	107.27	0
13	第五年	P1	48.39	52.22	51.69	49.50	51.06
14	第五年	P2	73.00	74.25	71.65	70.00	68.19
15	第五年	P3	89.27	89.47	91.23	90.21	90.16
16	第五年	P4	121.11	119.78	124.17	124.41	130.73
17	第六年	P1	48.92	50.69	50.24	49.38	17.42
18	第六年	P2	72.35	70.67	72.46	70.83	74.47
19	第六年	P3	89.15	90.21	89.79	94.13	94.50
20	第六年	P4	107.57	105.50	109.64	105.62	0

从表2.8可以看出，其中P1产品的价格在50万元左右，其直接成本为20万元，毛利为30万元左右；P2的价格在70万元左右，直接成本为30万元，毛利为40万元左右；P3的价格90万元左右，直接成本为40万元，毛利为50万元左右；P4的价格在110万元左右，直接成本为50万元，毛利为60万元左右。此外，不同产品在不同市场的价格也有波动，但是总体上比较稳定，浮动不大。

从图2.2可以看出，P1产品的总体单价在50万元左右，从第一年到第四年呈走高趋势，到第四年达到峰值，然后开始呈现下降趋势，说明P1产品属于夕阳产品。P2产品和P3产品的价格波动相对较小，但是也是在第四年出现峰值。P4产品整体波动较大，第二年的单价为100万元，而第五年达到120万元，但从整体来看其均价趋于上升趋势，说明P4是朝阳产品。

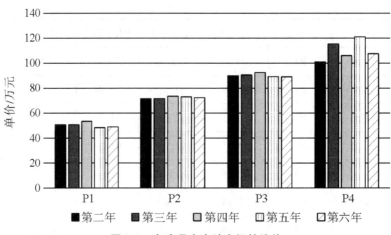

图 2.2　各产品在本地市场的均价

从表 2.9 可以看出，各市场产品价格是随着市场开放的次序逐次开放的。我们选取各产品的本地市场进行分析，可得到图 2.3 的需求量。

表 2.9　市场预测表——需求量　　　　　　　　　单位：个

序号	时间	产品	本地	区域	国内	亚洲	国际
1	第二年	P1	17	18	0	0	0
2	第二年	P2	25	22	0	0	0
3	第二年	P3	14	15	0	0	0
4	第二年	P4	18	13	0	0	0
5	第三年	P1	16	15	18	0	0
6	第三年	P2	17	15	17	0	0
7	第三年	P3	18	17	23	0	0
8	第三年	P4	14	9	19	0	0
9	第四年	P1	18	14	23	14	0
10	第四年	P2	10	27	16	21	0
11	第四年	P3	20	16	20	15	0
12	第四年	P4	21	16	14	15	0
13	第五年	P1	18	18	18	22	18
14	第五年	P2	15	16	13	13	16
15	第五年	P3	15	15	17	13	19
16	第五年	P4	18	9	13	17	15
17	第六年	P1	12	13	17	16	50
18	第六年	P2	23	18	26	18	15
19	第六年	P3	13	19	14	15	4
20	第六年	P4	23	14	11	21	0

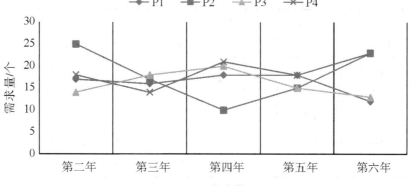

图 2.3　需求量

从图 2.3 可以看出，P1 产品从第一年到第五年呈现总体上升的趋势，但是到了第六年只有 12 个，说明市场需求在减少，如果 P1 产品市场竞争较为激烈，则企业需要在前期快速占领本市场，否则后期将投入高额成本才能获得足够订单。P2 的需求波动最大，在第四年需求量最小，这需要企业提前做好市场和产品规划，否则在第四年将会面临非常激烈的竞争。P3 的需求量波动相对较小，相对稳定。P4 产品的需求整体呈上升趋势，因此印证了 P4 是朝阳产品。

当然，以上分析只是局限于本地市场，在产品市场中要综合分析各产品在其他市场的情况。比如，P1 产品在第六年的国际市场中需求量达到 50 个就属于异常情况，因此要充分分析各产品在不同市场的情况，从而做出最优策略。

从表 2.10 中选取各产品的本地市场进行分析，可得到图 2.4 的订单量。

表 2.10　市场预测表——订单量　　　　　　　单位：个

序号	年份	产品	本地市场	区域市场	国内市场	亚洲市场	国际市场
1	第二年	P1	8	7	0	0	0
2	第二年	P2	7	7	0	0	0
3	第二年	P3	6	0	0	0	0
4	第二年	P4	7	4	0	0	0
5	第三年	P1	8	6	7	0	0
6	第三年	P2	7	7	9	0	0
7	第三年	P3	8	6	8	0	0
8	第三年	P4	7	4	7	0	0
9	第四年	P1	7	6	7	6	0
10	第四年	P2	6	9	7	9	0
11	第四年	P3	8	7	8	7	0
12	第四年	P4	8	7	6	8	0
13	第五年	P1	7	5	5	7	6
14	第五年	P2	7	7	8	6	5

序号	年份	产品	本地市场	区域市场	国内市场	亚洲市场	国际市场
15	第五年	P3	7	5	7	9	8
16	第五年	P4	6	7	8	5	7
17	第六年	P1	8	5	6	5	4
18	第六年	P2	5	9	7	6	7
19	第六年	P3	9	7	8	7	9
20	第六年	P4	5	7	6	7	0

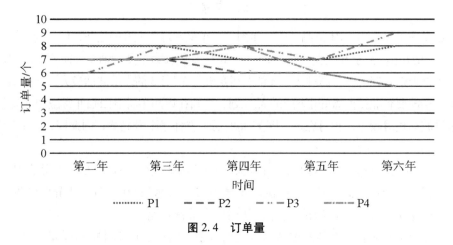

图2.4 订单量

平均每单数量＝需求量÷订单量

估算平均每单数量，并结合企业总产品数，从而可以大概得出每个产品在不同市场的投放广告量。

从图2.4可以看出，P1和P3的订单量整体呈上升趋势，订单量大说明每单中产品数可能较小，如果要获得较多产品，则需要投入更多广告来增加选单次数，从而获得更多订单。而P2和P4产品订单量呈下降趋势，特别是P4产品在第六年订单数为5个，订单量少说明单个订单产品需求大，则可以投放相对较少的广告费用便能获得较大的需求，同时企业也要考虑竞争对手数量。

当然，以上分析仅局限于本地市场。要综合分析产品的各个市场情况，才能获得较为充实的数据支撑。

2.2.3 ISO 资格认证

（1）ISO 认证简介

国际标准化组织（international organization for standardization，ISO），是世界上最大的国际标准化组织。它成立于1947年2月23日，它的前身是1928年成立的"国际标准化协会国际联合会"（简称ISA）。与之相对应的是国际电工委员会（IEC），于1906年在英国伦敦成立，是世界上最早的国际标准化组织。IEC主要负责电工、电子领域的标准化活动。而ISO负责除电工、电子领域之外的所有其他领域的标准化活动。ISO的宗旨是"在世界上促进标准化及其相关活动的发展，以便于商品和服务的国际交换，在智力、科学、技术和经济领域开展合作"。

"认证"一词的英文原意是一种出具证明文件的行动。ISO 对"认证"的定义是："由可充分信任的第三方证实某一经鉴定的产品或服务符合特定标准或规范性文件的活动"。举例来说，对第一方（供方或卖方）生产的产品甲，第二方（需方或买方）无法判定其品质是否合格时，应由第三方来判定。第三方既要对第一方负责，又要对第二方负责，保持不偏不倚，其出具的证明要能获得双方的信任，这样的活动就叫作"认证"。这就要求，第三方的认证活动必须公开、公正、公平，且必须独立于第一方和第二方之外，必须与第一方和第二方没有经济上的利害关系，或者有同等的利害关系，或者有维护双方权益的义务和责任，才能获得双方的充分信任。

ISO 9000 品质体系认证机构是经过国家认可的权威机构，对企业的品质体系的审核要求非常严格。企业可按照经过严格审核的国际标准化的品质体系进行品质管理，确保产品质量的合格率，从而为企业增加经济效益和社会效益。实行 ISO 9000 国际标准化的品质管理，可以稳定地提高产品品质，使企业在竞争中长久立于不败之地。

ISO 14000 环境管理系列标准是国际标准化组织于 1993 年起草的国际系列环境管理标准，共分七个系列：环境管理体系、环境审核、环境标志、环境行为评估、生命周期评估、术语和定义、产品标准中的环境指标。制定这套标准的目的是，通过环境管理和经济发展的结合，规范企业和社会团体等所有组织的环境行为，以最大限度地合理配置和节约资源，减少人类活动对环境的影响，维持和持续改善人类生存与发展的环境。

（2）ISO 认证规则

在 ERP 电子沙盘中，ISO 投资包括产品质量认证（ISO 9000）投资和产品环保认证（ISO 14000）投资。ISO 认证规则如表 2.11 所示。

表 2.11　ISO 认证规则

ISO 标准	投资费用/万元·年$^{-1}$	投资时间/年
ISO 9000	10	2
ISO 14000	20	2

企业若想在订货会上选取带有 ISO 认证的订单，必须取得相应的 ISO 认证资格，否则不能选取该订单。ISO 投资每年进行一次，可中断投资，直至 ISO 投资完成。

【举例】

若企业在订单市场中想选择带有 ISO 9000 的产品订单，该企业则必须已经完成 ISO 9000 的投资，否则不能选择该订单。

假定企业若在第一年同时开始投资 ISO 9000 和 ISO 14000，中间不中断投资，则第一年该企业需支付 ISO 投资额 30 万元（ISO 9000 投资费用 10 万元+ISO 14000 投资费用 20 万元），第二年该企业还需支付 ISO 投资额 30 万元，此时完成 ISO 投资，该企业方可在第三年的年度订货会中选取带有 ISO 资格要求的订单。

ISO 认证也是企业自愿选择认证，可以选择其中一个认证，也可以选择都进行认证，一旦通过认证即获得永久资格。认证所产生的费用计入当期损益。认证过程中可以中断但不能缩短，于年末支付当期投资费用。

2.2.4 销售会议与订单获取

（1）销售会议及投放广告

销售会议作为企业重要的会议之一对企业发展具有十分重要的意义。有效地组织销售例会，是销售经理必须会做的一门功课，同时也是销售经理作为一个管理者、领导者必须掌握的基本功。有效的例会不仅会让营销团队富有效率、充满激情，而且也便于营销部门制定的方针政策更迅速、更及时地准确传达。因此，销售例会能不能有效召开，对于凝聚团队士气，打造团队的执行力至关重要。

ERP电子沙盘系统中的销售会议在每年年初举行，一年一次。销售会议在一定程度上它决定了企业全年的生产计划。因此销售会议对企业而言至关重要。在销售会议中，销售主管、财务主管、生产主管以及其他岗位负责人要立足于企业本身实际情况，就下年度的产销计划以及资金预算进行充分讨论，讨论结果最终体现在广告费的投放情况上，广告投放界面如图2.5所示。

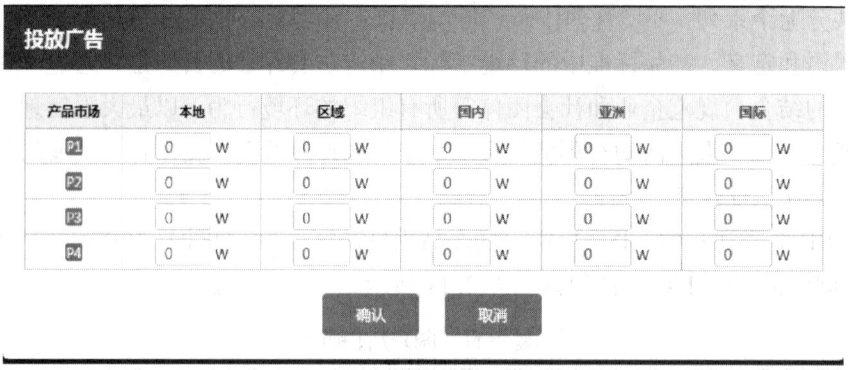

投放广告

产品市场	本地		区域		国内		亚洲		国际	
P1	0	W	0	W	0	W	0	W	0	W
P2	0	W	0	W	0	W	0	W	0	W
P3	0	W	0	W	0	W	0	W	0	W
P4	0	W	0	W	0	W	0	W	0	W

确认　　取消

图 2.5　投放广告界面

每个产品在每个市场的广告费用最低10万元，若低于10万元则不能在该市场选单。在最低限额基础上，每增加20万元即可在该市场再获得一次选单机会，即10万元到29万元可选1次单，30万元到49万元可选2次单，以此类推。但需要注意的是，多次选单并非连续选单，因为每个企业每轮只能选择一单。比如有7家企业在本地市场投了P1产品的广告，其中A企业投放了32万元的广告费高居首位，因此A企业获得了本地市场P1的优先选单权，且拥有两次选单机会，但A企业的第二次选单须在其他6位企业选完之后才可选。此外，还需要注意市场单量是一定的，所以是否能够进行多次选单还需视总单数而定，比如本年度中本地市场中P1产品总共只有7单，所以尽管A企业拥有两次选单机会也只能选择一次。因此，在选单前一定要先看每一个产品在每个市场的总单数，估计能选几次，而不能盲目增加广告费，从而造成不必要的损失。

每个市场中，选单系统根据一定规则进行选单排序。第一，要看系统是否设置了"市场老大"（上年度在本市场销售额最多的企业），若设置了有"市场老大"，则"市场老大"具有优先选单权，但是需要注意该"市场老大"本年度在本市场应没有违约或者破产，如果有违约破产，则其会失去"市场老大"的资格，也就失去优先选单权利。第二，要看产品投放广告份额的多少，根据产品广告费由多到少进行排序，多者优先选择；如果产品广告费相同，再按照本市场广告总额排序，多者优先选择；如果市场广告费总额相同，则按照投放广告的时间顺序来确定，先投者先选。因此，想要获得优质订单就必须多投入广告费，广告费一旦投入，无论是否成功选单都不予退还。

总之，选单排序的参考要素依次是：市场地位、产品广告投放额、市场广告投放总额、投放广告时间。

每个企业投广告时只能在已经取得市场资格的市场进行投放，未成功开拓的市场不能投放。同样，对于未取得生产资格的产品同样也不能进行广告投放。为此，系统为了防止将广告投放到未开拓市场，因此系统将未开拓成功的市场和未获得生产资格的产品在广告投放栏标注为黄色以示提醒。

根据市场的开发进度来看，第一年没有订单，第二年开发本地和区域市场，第三年开发国内市场，第四年开发亚洲市场，第五年开发国际市场。

需要注意的是：投放广告不能盲目进行，一定要根据自身产能情况，并结合"市场预测"进行综合分析。此外，大量案例事实告诉我们，"商业间谍"为企业获得竞争优势具有十分重要的意义。在 ERP 电子沙盘系统中设置了"间谍"服务，该服务可获得自己公司信息和其他组信息两种，通过该服务企业可免费获取自己公司信息，企业可以 Excel 形式查阅或保存企业经营数据。若要查看其他公司的信息，则需支付一定"间谍费"。

（2）选单

当所有小组都投完广告之后，便由指导老师点击选单按钮进入选单环节。选单界面如图 2.6 所示。

系统同时开放两个市场供选单。【用户】一栏显示了小组名称及排列顺序，【产品广告】是该小组在本地本产品投放的产品广告总额，排列顺序按上述规则呈现，【市场广告】是该用户在本市场投放的市场广告总额，【销售额】即该用户上一年度的该产品在本地总的销售额，【次数】显示了该用户在本市场选单剩余次数。

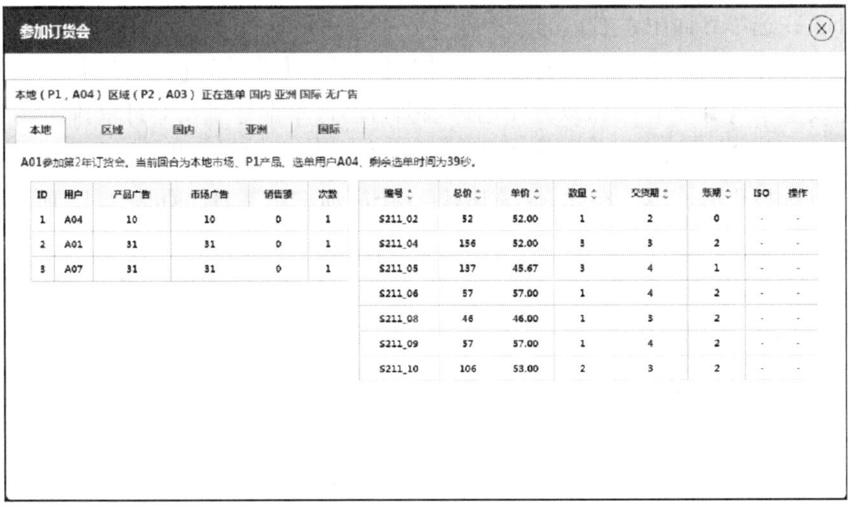

图 2.6　选单界面

从图 2.6 的界面显示我们可以看出，本次选单是第二年，即第一次选单。用户 A04 选单排在了第一位，其产品广告费和市场广告费均为 10 万元，而用户 A01 和 A07 无论是产品广告费还是市场广告费都是 31 万元，且 A01 排在了 A07 之前。由此可以推导出，选单顺序是 A01 最先选择，然后是 A07，最后是 A04 选择。

其理由是：第一年无历史数据，第二年才开放本地和区域市场。因此，此次选单没有"市场老大"。无"市场老大"则以产品广告总额的多少排序。从图 2.6 可知，用户 A01 和 A07 产品广告总额均为 31 万元，拥有两次选单机会，而 A04 产品广告总额为 10 万元拥有一次选单机会，因此 A01 和 A07 均排在 A04 之前。A01 和 A07 产品广告投入总额相同，且市场投资额也相同，但目前 A01 排在 A07 前边，说明 A01 投放广告的时间优先于 A07，因此选单优于 A07。由此可以推导出三位用户的选单顺序。此外从【次数】说明 A04 是第一轮选单，而 A01 和 A07 已经进入第二轮选单。

选单界面中【编号】一栏为订单编号，每项订单都有专属编号，是区别不同订单的主要标志。【总价】一栏是该订单的价值总额＝单价×数量。【交货期】即该订单的最晚交货时限，具体数字表示的是该年第几季，一旦获得该订单后，企业必须最晚在交货期内如数交货，否则就会构成违约并应立即支付订单总价 20%的违约金。若订单数为 3，而产品库存只有 2 件，不能选择只交 2 件，而是整个订单都不能交。因此，每家企业拿到订单后一定要进行合理筹划，确保订单如期如数提交。此外，如果库存充裕可以在交货期之前选择交货，这样就不影响交货效率。

【账期】即该订单的收款期限，若为是"0"，则表示该订单为现金交易，一旦提交订单就可立即获得现金；若账期为"4"，则表示该订单自交货后需要等 4 个季度才能拿到现金。【ISO】表示该订单是否有 ISO 认证要求，只有企业认证了 ISO，才选择该订单。【操作】为选单按钮，若选择该项订单，点击【选中】即可获得该项订单。

需要注意的是，用户每次选单都有时间限制，一般情况下为 45 秒，一旦在规定时间内没有作出选择就将失去该次选单机会。当然，用户也可以直接放弃选择，点击【放弃】按钮即可。待所有市场的所有用户选单结束之后，本次选单也就结束。用户可通过点击 ERP 右下角的【订单信息】查看本次选单情况。

此外，在选单界面中，右边的订单信息中，订单默认排序是按订单编号由小到大进行排序的。为方便用户比较，系统在【总价】【单价】【数量】【交货期】以及【账期】操作按钮设置了【▲▼】按钮以方便用户根据自己选单偏好重新对订单排序。

选单是 ERP 沙盘对抗最为激烈和重要的环节。因此每个小组成员必须相互配合共同选择，以选择合适订单。在此，我们提供一个简易选单工具，如表 2.12 所示。

表 2.12　选单简易记录表

产品/交货期		1	2	3	4	合计
P1	库存	*	*	*	*	*
	选单记录			3（0）	4（1）	
P2	库存	*	*	*	*	*
	选单记录			4（1）		
P3	库存	*	*	*	*	*
	选单记录				3（2）	

表 2.12 中，左边产品是企业生产的产品，第一行的数字是"订单交货期"，而"库存"需要在选单前填写，即表示每一季的产品库存情况，在此登记时一定是该产品已经在"上一季"完工入库而非"当季"完工入库。因为当季完工入库当季不能销售，而是在下一季度销售。填写每种产品的"库存"能够帮助我们有效掌握企业产能情况，从而防止"多选""少选"以及"错选"。而"选单登记"是在选单过程中填写的，在填单过程中，将该单的"数量"和"账期"填写在对应交货期内，如 P3"选单记录"中的"3（2）"，即表示该订单的交货期是第四季度，数量为 3，账期为 2。最后"合计"分别是"产能数"和"订单数"。

选单过程中要注意的七个问题：

①一般情况下，"订单数"≤"产能数"，如果"订单数"≥"产能数"，则必须调整生产线布局增加产能，否则将面临违约风险。

②选单尽量选择交货期长的订单，除非前期有足够的库存。

③选单尽量选择单价高、数量多的订单。

④选单尽量选择账期较短的，除非企业本身就拥有足够的现金。

⑤如果②③④出现冲突，则需要根据自身情况选择合适的订单。如果企业库存较多，则可以优先选择数量多或者单价高的订单，如果企业库存现金较少，则需要优先考虑账期短的订单。

⑥在选单过程中不能只关注自己选单，还要关注对手选单的情况。一方面我们可以判断各产品在不同市场上的竞争情况，另一方面，我们还可以根据对手选单情况判断对手的产能情况。

⑦要关注对手的广告投放情况，我们通过观察对手广告投放情况可以判断对手的生产布局，从而为自身的战略规划提供参考。

选单结束后学生应立即查看选单情况，点击【订单信息】即可查看。重点主要是查看各类产品的实际订单数、交货期、总价、账期等情况。通过复查可以了解选单具体情况，从而为接下来的生产工作做好统筹安排，如材料采购、厂房与产线布置以及资金安排等。来订单信息如图 2.7 所示。

订单信息										
订单编号	市场	产品	数量	总价	状态	得单年份	交货期	账期	ISO	交货时间
S411_02	本地	P1	2	109W	未到期	第4年	4季	0季	-	-
S421_06	区域	P1	4	220W	未到期	第4年	3季	2季	-	-
S311_03	本地	P1	4	204W	已交货	第3年	4季	1季	-	第3年第3季
S311_08	本地	P1	4	217W	已交货	第3年	4季	1季	9	第3年第3季
S321_03	区域	P1	3	163W	已交货	第3年	4季	2季	9	第3年第1季
S321_07	区域	P1	2	105W	已交货	第3年	4季	1季	9	第3年第1季
S331_05	国内	P1	4	193W	已交货	第3年	4季	2季	9 14	第3年第1季

图 2.7　订单信息

此外，在生产过程中也应该时刻关注【订单信息】，通过该界面我们可以实时掌握交货情况。

(3) 交单

企业生产结束后应该按照一定顺序交货，订单交货界面如图 2.8 所示。

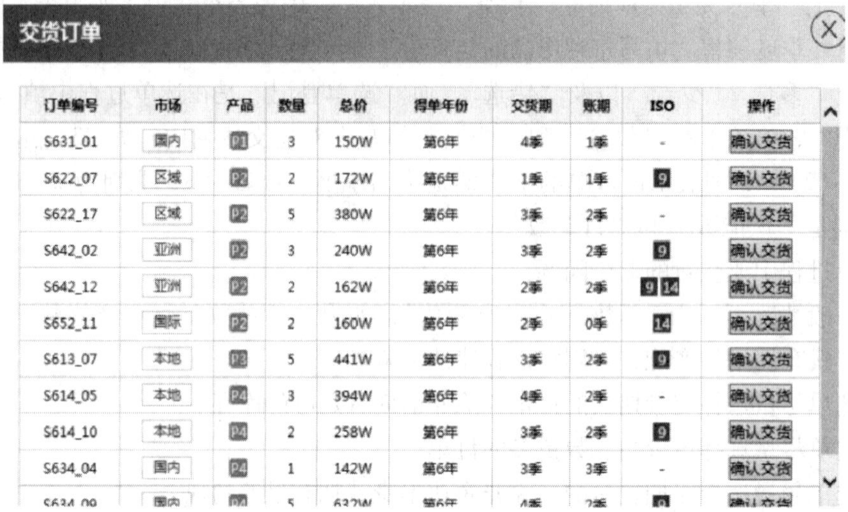

交货订单

订单编号	市场	产品	数量	总价	得单年份	交货期	账期	ISO	操作
S631_01	国内	P1	3	150W	第6年	4季	1季	-	确认交货
S622_07	区域	P2	2	172W	第6年	1季	1季	9	确认交货
S622_17	区域	P2	5	380W	第6年	3季	2季	-	确认交货
S642_02	亚洲	P2	3	240W	第6年	3季	2季	9	确认交货
S642_12	亚洲	P2	2	162W	第6年	2季	2季	9 14	确认交货
S652_11	国际	P2	2	160W	第6年	2季	0季	14	确认交货
S613_07	本地	P3	5	441W	第6年	3季	2季	9	确认交货
S614_05	本地	P4	3	394W	第6年	4季	2季	-	确认交货
S614_10	本地	P4	2	258W	第6年	3季	2季	9	确认交货
S634_04	国内	P4	1	142W	第6年	3季	3季	-	确认交货
S634_09	国内	P4	5	632W	第6年	4季	2季	9	确认交货

图 2.8　订单交货界面

在交货订单界面中，选择对应的订单点击【确认交货】即可。在交货过程中需要注意的是：

①交货必须以“不违约”为第一前提。在一般情况下，需要优先提交交货期短的产品，比如需要优先处理有第一季或第二季需要提交的订单。

②“优先回款”是重要的交货依据。比如同时有两个数量、价格以及交货期相同的订单，则需要优先提交账期短的订单。

③订单可以提前交。如果产品充足，则可以提前提交订单，提前交货可以提前回款。

④若资金比较宽裕，库存也较充足，在“不违约”的前提下可以优先提交账期长的订单，从而尽快回笼资金。

⑤如果面临违约风险，应该将违约成本与其他补救措施所产生的成本进行比较，再决定是否违约。比如某一订单需要提交 3 个产品，总价为 300 万元（单价为 100 万元），如果违约则会支付 60（300×20%）万元的违约金，但现存款只有 2 个，如果紧急采购一个的成本为 120 万元，则可以考虑紧急采购一个，其损失只有 20 万元（< 60 万元），但紧急采购的前提是有库存现金 120 万元以及合适的账期。

2.3　财务管理规则

财务管理规则主要包含融资规则、报表填制以及其他说明。

2.3.1　银行贷款

企业在经营过程中不可避免地会发生融资行为。企业融资最主要的方式是贷款。企业贷款是指企业为了生产经营的需要，向银行或其他金融机构按照规定利率和规定期限办理借款的一种方式。企业的贷款主要是用来进行固定资产购建、技术改造等大额长期投资。按照贷款时间长短，企业贷款可分为长期贷款、中期贷款以及短期贷款。

在 ERP 电子沙盘中，企业贷款只有一种方式，即银行贷款。系统没有提供其他形式的贷款。系统中银行贷款分为长期贷款和短期贷款，具体如表 2.13 所示。

表 2.13 贷款信息

贷款类型	贷款时间	贷款额度	年息/%	还款方式	其他
长期贷款	每年年初	（长贷总额+短贷总额）≤上年所有者权益的 3 倍	10	年初付息，到期还本	单次贷款不得少于 10 万元
短期贷款	每季度初		5	到期一次性支付本息	

对于 ERP 沙盘运营初期，每个组都有 600 万元的初始资金，因此每个小组期初最大贷款金额为 1 800 万元（600 万元×3）。长期贷款和短期贷款的贷款时间不同，长期贷款每年只有一次机会，即每年年初，而短期贷款每年可以办理四次。贷款额度不得超过上一年所有者权益的三倍，其贷款公式为

本年度贷款额度=上一年所有者权益×3-截至当季已经贷款的额度

比如：上一年所有者权益为 500 万元，第一年贷款 500 万元，则第二年的可贷额度为

1 000 万元=500 万元（上年度所有者权益）×3-500 万元（第一年已经贷款额）

长期贷款的利率较高，为 10%，短期贷款利率相对较低，为 5%。还款方式也不同。长期贷款的最长贷款周期为 5 年，所以可以根据贷款需求设置贷款时间，可以选择贷款 1 年、2 年、3 年、4 年或者 5 年。一旦确定就不能改变。此外：

（1）所有贷款一旦取得不能随意改变贷款时间，更不能提前还款。

（2）每次贷款金额不得低于 10 万元，否则不能获得贷款。

（3）贷款没有周期也不需要提交其他资料，只需点击相应按钮即可，即贷即到，并立刻体现在系统的库存现金一栏。

（4）系统营运周期结束不要求所有贷款必须归还。比如，某企业在第四年通过长期贷款的方式融资 500 万元，贷款期限为 5 年，则到了系统结束年，即第七年年初交 50 万元的利息即可，本金无须归还。

（5）只要企业权益允许，可以以贷养贷。

企业选择长期贷款还是短期贷款，应结合自身情况充分分析，在了解长贷和短贷的特点后做出决策。

长期贷款的优点是贷款时间长，短期内资金无压力，对于企业大型固定资产的购置具有十分重要的作用。但是其利息较高、周期较长、用资成本高，进而会影响企业利润。而短期贷款的优点是利率低、贷款成本低，能缓解企业短期内的资金压力，且每个季度都可以贷款，因此贷款时间较为灵活，但是需要在短期内还本付息，会对企业资金可能产生较大压力。如果不能归还，可能会导致企业破产。

2.3.2　应收账款贴现

应收账款是指企业在正常的经营过程中因销售商品、产品、提供劳务等业务，应向购买单位收取的款项，包括应由购买单位或接受劳务单位负担的税金、代购买方垫付的各种运杂费等。应收账款是伴随企业的销售行为发生而形成的一项债权。应收账款包括已经发生的和将来发生的债权。前者是已经发生并明确成立的债权，后者是现实并未发生但是将来一定会发生的债权。

贴现是指将提前收回未到期的应收款，因为该应收款并非正常到期收回，所以贴现时需支付相应的贴现利息。

$$贴现利息=贴现金额×贴现率$$

贴现率由教师/裁判在系统参数中设定，相关规定详见规则说明。贴现操作一般是企业短期内存在现金短缺且无法通过成本更低的正常贷款取得现金流时才考虑使用的应急行为。

ERP沙盘中对资金贴现做了较为明确的说明，具体如表2.14所示。

表2.14　资金贴现信息

名称	贴现时间	贴现额度	贴现率	其他
资金贴现	任何时间	视应收账款额度	第一、二季度为10% 第三、四季度为12.5%	贴现各账期 分开核算计息

【举例】

假定某企业账期为1 Q和2 Q的应收款贴现率为10%，账期为3 Q和4 Q的应收款贴现率为12.5%，若企业欲将账期为2 Q、金额为10万元的应收款和账期为3 Q、金额为20应收款同时贴现，则：

$$贴现利息=10（万元）×10\%+20（万元）×12.5=3.5（万元）$$

按照贴现利息一律向上取整的规则，则实际支付利息为4万元。

$$实收金额=10+20-4=26（万元）$$

贴现后收到的26万元，产生的贴现利息4万元，作为财务费用入账。

此外，企业在贴现时应注意的几个问题：

（1）贴现的本质是融资。

（2）如果贴现率相同，则尽量选择账期长的应收账款进行贴现。比如，当有第三季度和第四季应收账款可贴现，且都满足资金需求。因此，从货币的时间价值而言，此时应该选择第四季度的资金进行贴现而非第三季度。

（3）贴现金额应根据资金需求而定，不能盲目全额贴现。

（4）贴现成本很高，因此应该提前洞察库存现金情况，尽量通过贷款方式融资而非贴现。

（5）贴现没有时间限制，可随时贴现。

（6）贴现各账期分开核算计息，因此在贴现时，除非同期内贴现金额不能满足资金需求，尽量不要对多个账期同时贴现。

2.3.3 **库存拍卖**

在 ERP 电子沙盘中，拍卖库存主要是对企业仓库的完成产品和原材料进行拍卖。在产品和在途物资不能拍卖。库存拍卖规则具体如表 2.15 所示。

表 2.15　库存拍卖规则

名称	规则	其他
产成品	100%拍卖	
原材料	按 80%拍卖	剩下 20%损失计入损失

一般情况下，只有当企业资金面临极度困难时才会选择拍卖库存。该操作可随时进行，无时效要求。具体操作是：点击主页面下方操作区菜单【出售库存】，弹出"出售库存"对话框（图 2.9）。界面显示当前企业的原料、产品的库存数量以及出售价格，在出售数量一列输入数值，点击【确定】即可。

图 2.9　库存拍卖界面

在选择拍卖库存时需要注意以下五点：

（1）一般情况下，企业在资金极度短缺时才考虑出售库存，库存出售一般会在成本的基础上打折销售。因此不到万不得已的情况，不要出售库存。

（2）ERP 只能出售原材料和产成品，不能出售在产品和在途物资，也不能以库存做抵押进行贷款。

（3）可以随时出售库存，卖出所得立刻到账，没有账期。

（4）出售数量在库存范围内没有限定，但必须是整数。

（5）产品拍卖按照直接成本100%拍卖，而原材料拍卖是在买价的基础上折价20%，比如变卖R1材料1个，其购入成本为10万元一个，变卖价格为8万元，折价的2万元计入损失计入当期损益。

2.3.4 生产线变卖

生产线变卖也是作为一种融资渠道，可以让企业快速获得大量现金以缓解企业的融资需求。在系统中，变卖生产线必须是已经建成且处于空闲的生产线，未建成或在产的生产线不能进行变卖。

生产线的账面价值与残值之间的差额计入"营业外支出"，影响当期损益。其操作是点击主页面下方操作区中菜单【出售生产线】，弹出"出售生产线"对话框（图2.10）。弹出框中显示可以出售生产线的信息。勾选要出售的生产线，点击【确认】即可，具体如图2.10所示。

出售生产线

选项	生产线编号	类型	开建时间	所属厂房	产品	净值	建成时间
☐	0753	柔性线(0753)	第1年1季	大厂房(0726)	P2	80	第2年1季
☐	0740	柔性线(0740)	第1年1季	大厂房(0726)	P2	80	第2年1季
☐	0738	柔性线(0738)	第1年1季	大厂房(0726)	P4	80	第2年1季
☐	0743	柔性线(0743)	第1年1季	大厂房(0726)	P4	80	第2年1季
☐	7599	超级手工线(7599)	第2年1季	大厂房(7586)	P1	16	第2年1季
☐	7609	超级手工线(7609)	第2年1季	大厂房(7586)	P1	16	第2年1季
☐	7603	超级手工线(7603)	第2年1季	大厂房(7586)	P1	16	第2年1季
☐	7595	超级手工线(7595)	第2年1季	大厂房(7586)	P1	16	第2年1季
☐	6173	超级手工线(6173)	第3年1季	大厂房(6149)	P1	24	第3年1季
☐	6168	超级手工线(6168)	第3年1季	大厂房(6149)	P1	24	第3年1季

确认　　取消

图2.10　出售生产线

在选择出售生产线时需要注意的几点：

（1）生产线出售的前提是该生产线已建成且处于空置状态。出售时按残值收取现金，净值（生产线的原值减去累计折旧后的余额）与残值之间的差额计入企业损失。已提足折旧的生产线不会产生出售损失，未提足折旧的生产线必然产生出售损失。

【举例】

假定规则设定超级手工线建设期为1Q，原值为50万元，净残值为20万元，使用年限为4年，若某企业第一年第一季度开建一条超级手工线，则该生产线系第一年第二季度建成，只要该生产线处于待生产状态即可进行出售。

若建成后当年将其出售，则会收到20万元现金，同时产生30万元损失=【（原值50万元-累计折旧0万元）-净残值20万元】；若第二年将其出售，则会收到20万元现金，同时产生10万元的损失=【（原值50万元-累计折旧20万元）-净残值20万元】，以此类推。

（2）出售生产线不一定完全是为了融资，有时候也可能是更换生产线。

（3）出售生产线会直接影响企业的生产经营状况，因此如果仅仅是为了融资则尽量不要选择出售生产线。

2.3.5 厂房变卖

厂房变卖是将企业购买的厂房出售获取资金的一种方式。在 ERP 沙盘中，系统提供了"厂房处理"和"厂房贴现"两种方式。

（1）厂房处理

厂房处理的具体步骤是点击主页面下方操作区中菜单【厂房处理】，弹出"厂房处理"对话框（图 2.11）。选择厂房的处理方式，系统会自动显示出符合处理条件的厂房以供选择。勾选相应厂房，点击【确认】。

图 2.11　厂房处理

需要说明的是，厂房处理方式包括卖出（卖转租）、退租、租转买三种操作。

①卖出（卖转租）究其本质是一种融资行为，其操作包括两个环节，先卖出厂房，然后又将此厂房租回。卖厂房的价格根据前述规则进行，但是需要注意的是卖厂房的收入不会即时到账，而是有一定账期，若急需资金可对其进行贴现，租厂房时的租金为现付。

②退租操作要求厂房内无生产设备，若上年支付租金至退租时未满 1 年的，则无需支付退租当年的租金，反之则需支付退租当年的租金。

③租转买操作针对已租入的厂房，该操作包括两个环节，即退租和买入。退租时当年租金是否需要支付参照"退租操作"说明，购买厂房时需支付相应的购买价款，买入时无须厂房空置。

比如，某大厂房购买价为 400 万元，租金 50 万元/年。

若企业于上一年第二季度租入一个大厂房，如果在本年度第二季度结束前退租，则在系统中无需支付第二个年度的厂房租金；如果在本年度第二季度结束后退租，则系统需扣除第二个年度的厂房租金 50 万元。退租时要求该厂房内无生产设备。

若企业欲购买原租入的大厂房，则系统仍会在大厂房租入的对应季度扣除当年的租金，并且在租转买时支付大厂房的购买价款 400 万元。

（2）厂房贴现

厂房贴现操作可随时进行，点击操作区中菜单【厂房贴现】，弹出"厂房贴现"对话框（图2.12）。弹出框中显示可以贴现的厂房信息，选择需要贴现的厂房，然后点击【确定】按钮。

该操作实质上是将厂房卖出（买转租）产生的应收款直接贴现取得现金。它与厂房处理中的卖出（买转租）的区别就在于，"卖出（买转租）"操作时产生的应收款并未直接贴现，而厂房贴现则直接将卖出（买转租）产生的应收款同时贴现。

厂房贴现

选择项	厂房	容量	剩余容量
○	大厂房(0726)	4	0
○	大厂房(7586)	4	0

图2.12　厂房贴现界面

2.3.6　报表填制

企业报表主要是为信息使用者提供参考。信息使用者包括企业股东、投资者、债权人以及其他相关主体。一般情况下，企业报表主要有资产负债表、利润表、现金流量表等。资产负债表反映企业当期财务状况，具体包括现金、应收款、在产品、产成品、原材料等流动资产，土地建筑物、机器设备和在建工程等固定资产，长期负债、短期负债、特别贷款、应交税费等负债，以及股东资本、利润留存、年度净利等所有者权益项目。利润表反映企业当期的盈利情况，具体包括销售收入、直接成本、综合费用、折旧、财务费用、所得税等项目。其中，销售收入为当期按订单交货后取得的收入总额，直接成本为当期销售产品的总成本，综合费用根据"综合费用表"中的合计数填列，折旧系当期生产线折旧总额，财务费用为当期借款所产生的利息总额，所得税根据利润总额计算。现金流量表反映了企业某段时间内的现金收支情况。

此外，在ERP电子沙盘中，我们还需要编制综合费用表。综合费用表反映企业当期费用情况，具体包括管理费用、广告费、设备维护费、厂房租金、市场开拓费、ISO认证费、产品研发费、信息费和其他等项目。其中，信息费是指企业为查看竞争对手的财务信息而向支付的费用。

填列报表的具体操作是点击主页面下方操作区中菜单【填写报表】，弹出"填写报表"对话框，依次在综合费用表、利润表、资产负债表的编辑框内输入相应数值（图2.13）。在填写报表信息过程中，要注意及时保存数据以防丢失，待到所有数据填列无误之后，再点击【提交】即可完成报表的填列工作。

图 2.13　填写报表界面

（1）综合费用表（见表 2.16）

表 2.16　综合费用表　　　　　　　　　　　　单位：万元

项目	金额
管理费	
广告费	
设备维护费	
租金	
转产费	
市场准入开拓	
ISO 资格认证	
产品研发	
其他	
合计	

　　①管理费：系统默认管理费为每季度 10 万元，一年 40 万元，管理费是固定费用，不能更改，也不能自愿选择。

　　②广告费：根据年初各产品在不同市场的投入总额计算。

　　③设备维护费：当年年末已建成的生产线的维护费。

　　④租金：厂房租赁费用合计。

　　⑤转产费：生产线转产发的转产费用。系统中只有自动线和租赁线有转产费用，金额为 20 万元/次。

　　⑥市场准入开拓：本年度发生的市场开拓费用总额。

⑦ISO 资格认证：本年度发生的 ISO 资格认证费用总额。

⑧产品研发：本年度发生的产品研发费用总额。

⑨其他：主要是营业外支出发的损失，比如贴现产生的贴现损失，出售库存发生的折价损失，违约产生的违约费用以及其他支出。

（2）利润表

在系统中，利润表是一个简易表，具体如表 2.17 所示。

表 2.17　利润表　　　　　　　　　单位：万元

项目	本期数
销售收入	
直接成本	
毛利	
综合费用	
折旧前利润	
折旧	
支付利息前利润	
财务费用	
税前利润	
所得税	
净利润	

①销售收入：本年度的销售收入，具体数据可以查看销售订单中的"销售金额"合计数。

②直接成本：本年度发生的直接成本合计，可以查看销售订单中销售数，用完成的订单合计数×10 万元，即为成本合计数。

③毛利：毛利＝销售收入－直接成本。

④综合费用：综合费用可以查看"综合费用表"的合计数。

⑤折旧前利润：折旧前利润＝毛利－综合费用。

⑥折旧：根据以前年度已建成的生产线计提折旧填列，需要注意的是当年建成的生产线不计提折旧，已经足额计提的生产线也不计提折旧，当年销售的生产线不计提折旧。

⑦支付利息前利润：支付利息前利润＝折旧前利润－折旧。

⑧财务费用：本年度发生的所有财务费用合计，包括贷款（含长期贷款和短期贷款）利息，贴现利息。

⑨税前利润：税前利润＝支付利息前利润－财务费用。

⑩所得税：所得税是国家对当期盈利部分征收的税收。在此的所得税只是计入"应交税费"，待到下年年初时缴纳。此外，按照规定所得税按照当年税前利润弥补以前年度亏损后的余额作为计税基础，即

应交税费=（税前利润-弥补以前年度亏损）×25%

比如，某企业第一年税前利润亏损150万元，第二年税前利润为200万元，则第二年的应纳所得税＝（200-150）×25%＝12.5（万元）。

⑪净利润：净利润=税前利润-所得税。

（3）资产负债表

资产负债表是反应企业当期资产状况的列表。ERP电子沙盘系统中，由于企业经营过程中的资产类别相对较少，因此提供的报表相对简单，具体格式如表2.18所示。

表2.18　资产负债表　　　　　单位：万元

资产	期末数	负债和所有制权益	期末数
流动资产：		负债：	
现金		长期负债	
应收账款		短期负债	
在产品		特别贷款	
产成品		应交税费	
原材料			
流动资产合计		负债合计	
固定资产：		所有者权益：	
土地和建筑		股东资本	
机器和设备		利润留存	
在建工程		年度净利	
固定资产合计		所有者权益合计	
资产合计		资产和所有者权益合计	

在填制资产负债表时，遵循如下规则：

①现金：现金根据企业现金结存数填列。

②应收账款：应收账款根据应收款余额填列。

③在产品：根据在产的产品成本填列。

④产成品：根据结存在库的完工产品总成本填列。

⑤原材料：原材料根据结存在库的原材料总成本填列。

⑥土地和建筑：根据购入的厂房总价值填列。

⑦机器和设备：根据企业拥有的已经建造完成的生产线的总净值填列。

⑧在建工程：在建工程根据企业拥有的在建的生产线的总价值填列。

⑨长期负债：长期负债根据长期借款余额填列。

⑩短期负债：短期负债根据短期借款余额填列。

⑪特别贷款：特别贷款根据后台特别贷款总额填列（一般不会遇到）。

⑫应交税费：根据计算出的应缴纳的所得税金额填列。

⑬股东资本：根据企业收到的股东注资总额填列。

⑭利润留存：根据截至上年末至企业的利润结存情况填列。

⑮年度净利：年度净利根据本年度的利润表中的净利润填列。

2.3.7 其他说明

（1）紧急采购

企业在生产过程中，难免会遇到原材料或产成品不足的情况，此时最快捷的方式是紧急采购。紧急采购不受时间限制，其操作是点击操作区中菜单【紧急采购】按钮，弹出"紧急采购"对话框（图2.14）。显示当前企业的原料、产品的库存数量以及紧急采购价格，在订购量一列输入相应数值，点击【确认采购】即可。

原料	现有库存	价格	订购量
R1	12	20W	0
R2	12	20W	0
R3	10	20W	0
R4	12	20W	0

确认采购

产品	现有库存	价格	订购量
P1	8	60W	0
P2	6	90W	0
P3	0	120W	0
P4	2	150W	0
P5	0	180W	0

确认采购

图2.14 紧急采购界面

紧急采购是为了解决材料或产品临时短缺而作出的特殊处理方式，企业原材料订购不足或产品未能按时生产出来，都可能造成产品订单不能按时足额交货，从而导致订单违约并支付高额违约金。若是企业是"市场老大"，还会因此丢掉"市场老大"的地位。因此，为避免不必要的损失，企业可通过紧急采购短缺原材料或产品，从而满足生产或交货的需要。需要注意的是，紧急采购价格一般比正常的采购价要高很多，因此企业应提前做好规划。紧急采购既包括紧急采购原材料，也包括紧急采购产品。

（2）数值说明

在系统中，为方便计算往往要求对出现小数的数值取整。其中：

①违约金扣除——四舍五入。

②库存拍卖所得现金——向下取整。

③贴现费用——向上取整。

④扣税——四舍五入。

⑤长短贷利息——四舍五入。

了解这些规则是非常重要的，对于提升资金利用效率是很有利的。比如，短期贷款200万元的利息是10万元（200×5%），短期贷款209万元的利息为10.45万元（209×5%），但是按照四舍五入的原则，短期贷款209万元的实际支付利息也是10万元，和借款200万元的利息一样，多借出的9万元无须支付利息。因此从用资成本的角度来说，选择借款209万元比借款200万元更划算。

（3）违约金

在企业经营过程中，由于各种原因不能按时按量交货时，企业就会面临违约风险，一旦违约将支付该单价值总额20%的违约金，其损失计入"营业外支出"，列示在综合费用表中的"其他"项中。此外，违约不仅会支付违约金，同时也可能会失去"市场老大"地位。

2.4 企业破产界定

在 ERP 系统中，界定企业破产的标志是：现金断流或权益为负。

现金断流是企业现金不足以支付经营需要的资金，且不能通过贷款（长贷和短贷）、贴现、库存变卖、生产线出售以及厂房处理等其他方式获得现金。

企业破产的另一个标志是权益为负数。

2.5 企业综合排名

ERP 电子沙盘会对各团队的运营情况进行计算排名。其排行榜计分标准如下：

$$总成绩=所有者权益×（1+企业综合发展潜力/100）$$

$$\frac{企业综合}{发展潜力}=\frac{市场资格}{分值}+\frac{ISO\ 资格}{分值}+\frac{生产资格}{分值}+\frac{厂房}{分值}+\frac{各条生产线}{分值}$$

需要注意的是，要获得市场资格分值，要求企业必须在运营年限内完成市场开拓，否则就不能获得相应分值；ISO 资格分值是指只要在运营年限内成功认证即可获得相应分值；生产资格分值是指只要在运营年限内研发成功即可获得相应分值，无须生产出产品，也无须存在产品，与是否有产品以及产品多少无关；只有购买后的厂房才能获得相应分值，且可以叠加；各条生产线只有建成后才可获得相应分值，生产线建成（包括转产）即加分，分值也可以叠加。各项指标分值情况如表 2.19 所示。

表 2.19　各项指标分值情况

序号	项目	分值
1	大厂房	10
2	中厂房	8
3	小厂房	7
4	超级手工线	0
5	自动线	8
6	柔性线	10
7	本地市场	7
8	区域市场	7
9	国内市场	8
10	亚洲市场	9
11	国际市场	10
12	ISO 9000	8
13	ISO 14000	10
14	P1	7
15	P2	8
16	P3	9
17	P4	10

ERP 沙盘模拟的操作流程

【本章目标】

了解 ERP 沙盘操作的一般操作流程，熟悉每个操作环节的具体含义，能够在已经制定好的战略规划的指导下进行有效的沙盘对抗，并获取最大竞争优势。

掌握财务报表的填报方法，能够熟练运用财务知识操作 ERP 沙盘模拟训练系统，提升对企业资金的管理与筹划能力。

【本章内容】

① 年初操作流程

② 季度操作流程

③ 年末操作流程

如何操作 ERP 电子沙盘？每个步骤需要注意的问题是什么？如何减少在操作中的失误？本章通过举例展示，为大家讲解 ERP 沙盘的操作流程，并就每个操作步骤进行详细的解说，让同学们能够更加深刻地认识 ERP 沙盘的意义。

3.1 ERP 沙盘操作流程

ERP 沙盘中的整体操作流程如图 3.1 所示。

年初运营 ➡ 季度运营 ➡ 年末运营

图 3.1 ERP 沙盘运营整体操作流程

（1）年初运营

年初运营流程（图 3.2）主要有年度规划会、投放广告、支付广告费、支付所得税、参加订货会以及长期贷款等内容。

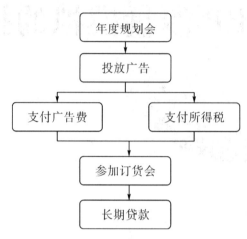

图 3.2　年初运营流程

年度规划会议在运营年度开始时召开，软件中无须进行任何操作。年度规划会议一般由团队的首席执行官（CEO）主持召开。企业 CEO 会同团队中的采购、生产、销售等负责人一起就全年的市场预测分析、广告投放、订单选取、产能扩张、产能安排、材料订购、订单交货、产品研发、市场开拓、筹资管理以及现金控制等方面进行分析与决策规划，最终完成全年运营的财务预算。

（2）季度运营

季度运营主要是围绕生产活动进行的运营活动，其中包括短期贷款、原材料采购、生产线布置、厂房置办、产品生产、提交订单、产品研发、市场开拓以及资格认证等内容。

季度运营流程如图 3.3 所示。

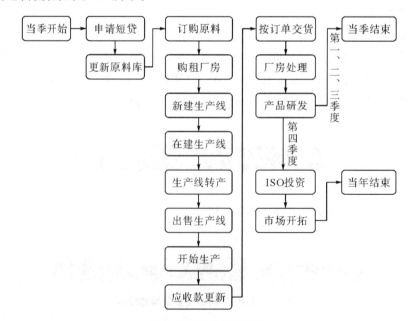

图 3.3　季度运营流程

（3）年末运营

年末运营流程如图 3.4 所示。

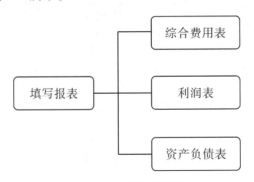

图 3.4　年末运营流程

年末运营主要工作为填制报表，报表包括综合费用表、利润表以及资产负债表。在沙盘对抗中，本书为简化操作流程而未让同学们编制现金流量表。

3.2　登录系统

同学们输入老师给定的网站地址，然后进入新道新商战沙盘系统 V5.0 "用户登录"界面，具体如图 3.5 所示。

图 3.5　登录界面

在登录界面中，"用户名"以老师公布的命名规则进行填写，比如 "A01" "A02" "A03" 或者 "B01" "B02" "B03"，具体以老师给定命名规则，初始密码为 "1"。

填好用户名和密码后，点击【用户登录】，进入到注册界面，如图 3.6 所示。

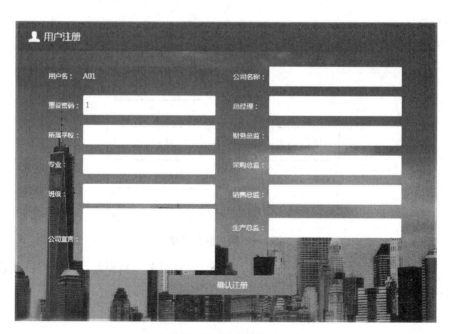

图 3.6　注册界面

　　注册界面中有"重设密码""所属学校""专业""年级""公司宣言""公司名称"以及各岗位负责人姓名等内容。其中，系统要求必须"重设密码"且不能为原始密码，"所属学校""专业""年级""公司名称"以及岗位负责人姓名为必填项，不能为空，而"公司宣言"为非必填项。填写完之后点击【确认注册】即进入生产界面组织生产活动。

3.3　组织生产

　　相较于手工沙盘，ERP 沙盘操作相对简单，但要求同学们对每项操作非常熟悉。注册结束之后，系统即进入新道新商战沙盘系统 V5.0 的生产界面，具体如图 3.7 所示。

图 3.7　生产界面

3.3.1 页面介绍

在生产界面中，包含"信息栏""状态栏""生产区""生产信息区"以及"操作区"等板块。

（1）信息栏

"信息栏"主要包括"公告信息""规则说明""市场预测""新手指南"等。

"公告信息"为教师端发布的一些操作要求。

"规则说明"主要是对生产线、厂房、产品、融资以及其他信息的说明。在生产经营前，同学们必须认真阅读相关规则，只有充分理解了规则，才能在未来6年更好地经营企业。比如，通过解读规则，我们可以明确各产品的生产材料的订购期，生产线的建设周期以及各类生产线的优势与不足。

"市场预测"主要是对经营周期内，各种产品在不同市场的需求量与价格的信息进行展示。通过预测市场的未来情况，企业可以选择合适的产品进行生产，同时这个版块也可以为每年广告投放决策提供重要参考。

"新手指南"主要是为ERP新手提供参考，其内容主要有"操作说明"和"运营说明"两个部分，具体如图3.8所示。

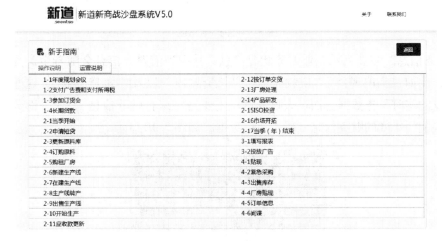

图3.8 新手指南

"操作说明"主要是单个操作步骤的具体说明，按照运营流程，这些操作说明分为年初操作说明4条，季度操作说明17条，年末操作说明2条以及其他操作说明6条等总共29条内容。通过查看这29条内容，同学们可以对每个关键操作步骤有更为深刻的认识。"运营说明"包含"年度运营流程""年初运营流程""每季度内运营流程""年末操作流程"以及"流程外运营操作"等内容。通过学习"运营说明"，初学者可以快速掌握ERP的运营流程，而且也可以对真实企业的运行逻辑有初步的认识，这对培养同学们的宏观思维和大局意识具有十分重要的意义。

（2）状态栏

"状态栏"主要有"用户名""当前教学班级""当前时间"以及"用户状态"等内容。其中，"当前时间"会随着企业经营的不断推进而实时变化。一般情况下，企业在经营过程中应实时关注当前的经营时间，要与材料采购的提前期、产品交货期以及其他环节紧密配合，防止因为时间问题而出现失误。"用户状态"反映的是用户经营状态，如果企业处于存续期，则显示"正在经营"，如果企业破产则显示"已破产"。

（3）生产区

"生产区"是企业产品生产的场所。系统中默认了四块空地，供修建厂房使用。每间厂房根据规模大小可容纳不同数量的生产线，如大厂房可同时容纳四条生产线，中厂房可同时容纳三条生产线，小厂房可同时容纳两条生产线。

（4）生产信息区

"生产信息区"主要有三大块内容，即"财务信息""研发认证信息"以及"库存采购信息"，如图3.9所示。

图3.9　生产信息区

"财务信息"主要列示企业财务状况信息。其中当前财务信息会随着生产变化而实时反映，比如"当前现金""应收账款""长贷总额"以及"短贷总额"，这些财务信息是企业的实时财务数据。而过去财务信息主要是"综合财务信息"，这一部分信息主要是反映上一年度的财务信息，属于历史数据，如图3.10所示。

图3.10　财务信息

"研发认证信息"反映企业的生产及市场资格情况。主要有"市场准入""生产资格"以及"ISO 认证"信息，具体如图 3.11 所示。

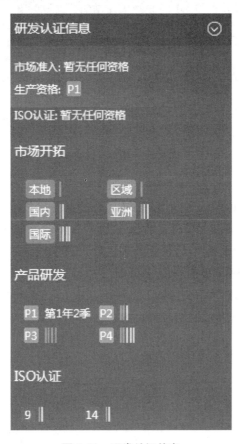

图 3.11 研发认证信息

本区域的信息展示功能，可以帮助同学们实时掌握研发认证进度。比如，从图 3.11 我们可以看出 A01 企业目前暂无任何市场销售资格，但从进度条可以看出，该企业即将获得本地和区域市场的准入资格，而国内、亚洲以及国际市场分别还要一年、两年和三年开拓周期。从产品资格来看，A01 企业目前已经研发成功的只有 P1，P3 即将研发成功，而 P2 和 P4 的研发分别还要一个季度和三个季度。从 ISO 认证的进度条来看，ISO 9000 和 ISO 14000 都已经申请认证产品一年，还剩余一年。

"库存采购信息"主要包含产成品和原材料的库存情况，以及原材料采购运输进度情况。从 ERP 系统的诞生及发展历程可以看出，企业库存信息是企业生产经营活动最为核心的信息。因此，在 ERP 沙盘中，我们要时刻关注企业库存信息，规划好原材料的品种、数量以及采购提前期，防止因原材料不足而导致企业的生产停顿。同时，在生产过程中，要规划好企业产成品的库存信息，时刻关注产品的种类、数量以及生产入库情况，防止因为产品生产能力不足而导致违约，同时也要防止库存积压导致企业现金不足。从图 3.12 我们可以看出，在图片的下方有一辆灰色和黑色的运输车，其中灰色车表示还要两个季度才能入库，而黑色车表示原材料还有一个季度才能入库。

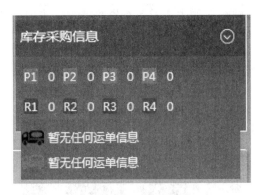

图 3.12 库存采购信息

（5）操作区

"操作区"是 ERP 沙盘进行操作的区域，通过点击相关按钮完成企业的生产运营，如图 3.13 所示。其中包括"经营性操作区"与"非经营性操作区"。"经营性操作区"是企业经营生产过程中经常发生的日常处理区域，如申请贷款、产品生产、厂房置办、生产线建设以及采购材料等经营性活动。而"非经营性操作区"则是紧急处理区域，包含"贴现""紧急采购""出售库存""厂房贴现""订单信息"以及"间谍"等内容，其中"贴现"只是针对应收账款的处理。

在实际操作过程中，同学们主要是对"经营性操作区"相关按钮进行操作；而"非经营性操作"一般是针对企业面临紧急情况时的操作，比如现金不足而采取的"贴现""出售库存"以及"厂房贴现"等操作，以及因原材料或库存不足而采取的"紧急采购"。

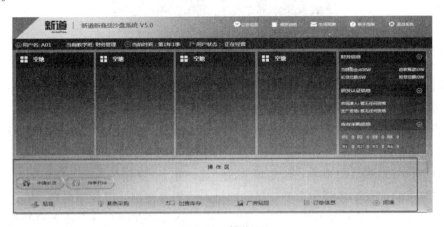

图 3.13 操作区

3.3.2 生产运营

（1）在充分了解 ERP 沙盘运营规则后，便可正式进入生产运营环节。初始年无生产线、无厂房、无贷款、无产品生产资格、无原材料，唯独有 600 万元的原始资金，具体如图 3.14 所示。

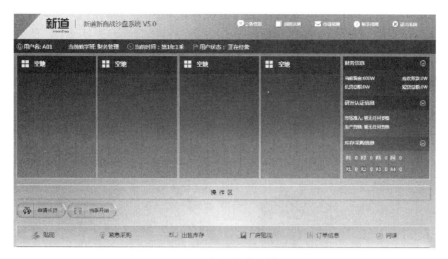

图 3.14　初始年盘面情况

（2）企业根据战略规划选择是否申请长期贷款，若贷款则点击【申请长贷】，系统会弹出"申请长贷"对话框（图 3.15）。对话框中显示本企业当前可以贷款的最大额度，点击"需贷款年限"下拉框，选择贷款年限，在"需贷款额"框内输入贷款金额，点击【确认】，即申请长贷成功。

申请长贷

最大贷款额度　　　1800w

需贷款年限　　　请选择年限 ∨

需贷款额　　　　0　　　w

确认　　　取消

图 3.15　申请长贷界面

关于需贷款年限，系统预设最长贷款年限为 5 年，最大贷款额度为上年年末企业所有者权益的 3 倍。需贷款额由企业在年度规划会议中根据企业运营规划确定，但不得超过最大贷款额度。长期贷款为分期付息，到期一次还本。

若设定长期贷款年利率为 10%，贷款额度设定为上年末所有者权益的 3 倍，企业上年末所有者权益总额为 600 万元，则本年度贷款上限为 1 800 万元（600 万元×3），假定企业之前没有贷款，则本次贷款最大额度为本年度贷款上限，即 1 800 万元。若企业之前已经存在 1 000 万元的贷款，则本次贷款最大额度为本年度贷款上限减去已贷金额，即 800 万元。

若企业在第一年初贷入了 100 万元，期限为 5 年，则系统会分别在第二、三、四、

五、六年年初自动扣除长贷利息 10 万元（100 万元×10%），并在第六年年初自动偿还贷款本金 100 万元。

（3）在本次操作中，如果不需要贷款，点击【当季开始】即进入第一季生产，其界面如图 3.16。

图 3.16　当季开始界面

当季开始操作时，系统会自动完成短期贷款的更新，偿还短期借款本息，检测更新生产/完工入库情况（若已完工，则完工产品会自动进入产品库，可通过查询库存信息了解入库情况）检测生产线完工/转产完工情况。点击【确认】即启动当季开始。

（4）在此界面中有"申请短贷"和"更新原材料"两个按钮。

其中"申请短贷"界面和"申请长贷"的操作相同。此时由于第一年未进行长期贷款，因此此时短贷的最大贷款金额仍为 1 800 万元，如图 3.17 所示。

图 3.17　申请短贷界面

短期贷款的最长年限为 1 年，利率为 5%，到期还本付息。在本案例中，暂时不需要申请短贷，因此点击【更新原料】按钮。

ERP模拟仿真实训

图 3.18 更新原料

本次企业经营沙盘运营中，原材料分为 R1、R2、R3、R4 四种，它们的采购价由系统设定，每一种原材料的单价均为 10 万元。其中 R1、R2 原材料是在订购后的一个季度支付货款；R3、R4 原材料是在订购后的两个季度后支付货款。

（5）在本次操作中，由于初始年无原材料，因此无须更新原材料。直接点击【确认】进入第一季的生产界面，如图 3.19 所示。

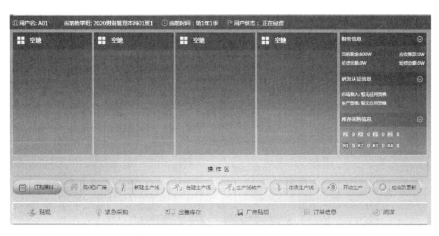

图 3.19 生产界面

在此界面中，有【订购材料】【购（租）厂房】【新建生产线】【在建生产线】【生产线转产】以及【开始生产】等操作按钮。

按生产计划，本季度准备租用一个大厂房，并研发 P3 产品，因此操作环节相对简单，即购（租）厂房—应收款更新—产品研发—当季结束。

①购（租）厂房

厂房是制造企业的必备生产要素，点击【购（租）厂房】按钮，出现如下界面：

从系统中可以看出，系统提供的厂房有三种，即大厂房、中厂房与小厂房。大厂房购买价格为 400 万元，租金一年为 40 万元，中厂房购买价格为 300 万元，租金一年为 30 万元，小厂房购买价格为 180 万元，租金一年为 18 万元。若选择购买，则需一次性支付购买价款，无后续费用；若选择租入，则需每年支付租金，租金支付时间为租入当时以及以后每年对应季度的季末。

在本次操作中，由于资金有限，所以选择租一间大厂房，支付租金 40 万元，现金余额为 560 万元，具体如图 3.20 所示。

图3.20 购（租）厂房

②应收款更新

在 ERP 电子沙盘中，点击【应收款更新】即进入当季季末处理。其操作如图 3.21 所示。

图3.21 购（租）厂房

应收款更新操作实质上是将企业所有的应收款项减少 1 个季度，它分为两个种情况：一是针对本季度尚未到期的应收款，系统会自动将其收账期减少 1 个季度；二是针对本季度到期的应收款，系统会自动计算并在"收现金额"框内显示，将其确认收到，系统自动增加企业的现金。

【举例】

若某企业上季度末应收账款有如下两笔：一笔账期为 3Q、金额为 20 万元的应收款；另一笔为账期为 1Q、金额为 30 万元的应收款。在本季度进行应收款更新时，系统会将账期为 3Q、金额为 20 万元的应收款更新为账期为 2Q、金额为 20 万元的应收款，同时系统会自动将账期为 1Q、金额为 30 万元的应收款收现。

---

③产品研发

产品研发按照季度来投资，每个季度均可操作，中间可以中断投资，直至产品研发完成，产品研发成功后方能生产相应的产品。

【举例】

　　某企业在第一年第一季度开始同时研发上述 4 种产品，且中间不中断研发，则第一年第一季度需支付研发费用 40 万元，第一季度无产品研发完成；第一年第二季度需支付研发费用 40 万元，此时 P1 产品研发完成，第三季度即可生产 P1 产品；第一年第三季度需支付研发费用 30 万元，此时 P2 产品研发完成，第四季度即可生产 P2 产品；第一年第四季度需支付研发费用 20 万元，此时 P3 产品研发完成，第二年第一季度即可生产 P3 产品；第二年第一季度需支付研发费用 10 万元，此时，P4 产品研发完成，第二年第二季度即可生产 P4 产品，具体研发过程如表 3.1 所示：

表 3.1　产品研发过程

产品	第一年一季度	第一年二季度	第一年三季度	第一年四季度	第二年一季度	第二年二季度
P1	10	10	—	—	—	—
P2	10	10	10	—	—	—
P3	10	10	10	10	研发完成	—
P4	10	10	10	10	10	研发完成
当季投资总额	40	40	30	20	10	—

　　按照生产计划，本季度要开始研发 P3，因此在研发界面中选择 P3，然后点击【确定】即可，如图 3.22 所示。

图 3.22　产品研发

④当季结束

　　该操作在每年 1～3 季度末显示"当季结束"。点击主页面下方操作区中菜单【当季结束】，弹出"当季结束"对话框如图 3.23 所示。核对当季结束需要支付款项或更新的事项。确认无误后，点击【确定】即可。

当季结束

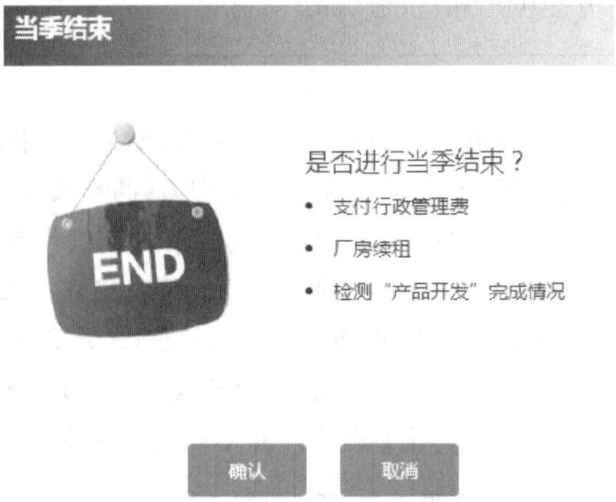

是否进行当季结束？

- 支付行政管理费
- 厂房续租
- 检测"产品开发"完成情况

确认　　取消

图 3.23　当季结束界面

在本季中，需要支付管理费 10 万元，剩余现金 540 万元，第一季季末现金情况如图 3.24 所示。

图 3.24　第一季季末现金情况

（6）第一季结束后即进入第二季操作。第二季初始操作是"申请短贷""更新原材料"。

按本季度计划，不需要贷款，也无须更新原材料，因此点击【更新原料】进入生产环节，具体操作如图 3.25 所示。

更新原料

现付金额　0W

确认　　取消

图 3.25　更新原料界面

点击【更新原料】，提示当前应入库原料需支付的现金。确认金额无误后，点击【确认】，系统扣除现金并增加原料库存，在本次操作中因无原料更新，因此图 3.25 中显示"现付金额 0 万元"。点击【确认】后进入第二季度生产阶段，其界面如图 3.26 所示。

图 3.26　生产界面

此时我们仍处于生产的前期准备阶段，具体操作流程为：新建生产线—产品研发—当季结束。

①新建生产线

生产线包括超级手工线、自动线、柔性线以及租赁线等，各种生产线的购买价格、折旧、残值、生产周期、转产周期、建造周期详见规则说明。

【举例】

企业如果在第一年一季度同时建造上述生产线，则第一季度新建生产线时需支付135 万元（超级手工线 35 万元、自动线 50 万元、柔性线 50 万元），第二季度在建生产线时需支付 100 万元（自动线 50 万元、柔性线 50 万元），第三季度在建生产线时需支付 100 万元（自动线 50 万元、柔性线 50 万元），第四季度在建生产时需支付 50万元（柔性线 50 万元），建造过程详见表 3.2。

表 3.2　生产线建造过程　　　　　　　　单位：万元

生产线类型	第一年一季度	第一年二季度	第一年三季度	第一年四季度	第二年一季度	总投资额
超级手工线	35	—	—	—	—	35
自动线	50	50	50	—	—	150
柔性线	50	50	50	50	—	200
当季投资总额	135	100	100	50		

点击主页面下方操作区中菜单【新建生产线】，弹出【新建生产线】对话框（图3.27）。选择放置生产线的厂房类型，点击"类型"下拉框，选择要新建的生产线类型，下拉框中有生产线购买的价格信息，选择新建的生产线计划生产的产品类型。点击【确认】即可。

【举例】

图 3.27　新建设生产线

　　从本季度开始，需要建设 4 条自动线。在类型中选择自动线，点击【确定】即建造了第一条，再重复操作 3 次，即建造 4 条生产线，在此操作中，总共投入 200 万元现金，此时库存现金还有 340 万元。

　　②产品研发

　　按照生产计划，本季度是第二季，要研发 P3，因此在研发界面中选择 P3，然后点击【确定】即可，如图 3.28 所示。

产品研发

选择项	产品	投资费用	投资时间	剩余时间
☐	P1	10W/季	2季	-
☐	P2	10W/季	3季	-
☑	P3	10W/季	4季	3
☐	P4	10W/季	5季	-

确认　　取消

图 3.28　产品研发

　　此时"剩余时间"显示"3 季"，并投入 10 万元，库存现金为 330 万元。

　　③当季结束

　　点击主页面下方操作区中菜单【当季结束】，弹出"当季结束"对话框（图3.29）。核对当季结束需要支付款项或更新的事项。确认无误后，点击【确定】即可。

当季结束

是否进行当季结束？

- 支付行政管理费
- 厂房续租
- 检测"产品开发"完成情况

确认　　取消

图 3.29　当季结束

在本季中，需要支付管理费 10 万元，剩余现金 320 万元，如图 3.30 所示。

图 3.30　第二季末现金情况

（7）第二季结束后即进入第三季操作。在本季度中，按生产计划，无须贷款，同样也没有材料更新，因此直接点击【更新原材料】进入第三季生产运营阶段。

按照生产计划，本季度需要完成订购材料—在建生产线—产品研发—当季结束。

①订购材料

按照生产计划，P3 将于第二年一季度正式投入生产，而 P3 的原材料中 R3 和 R4 需要提前两个季度才能入库，因此需要在本季度完成订购，结合自身产能可知，本季度需要订购 4 个 R3 和 4 个 R4 材料。材料订购时无须支付货款，如图 3.31 所示。

图 3.31　材料订购

在此页面中，显示"原料""价格""运货期"以及"数量"。从界面中可以看出，每种材料的单价都是 10 万元，R1 与 R2 的运货期均为 1 个季度，而 R3 和 R4 的运货期为 2 个季度。输入各原材料数量后，点击【确认】完成材料采购。

②在建生产线

点击主页面下方操作区中菜单【在建生产线】，弹出"在建生产线"对话框（图 3.32）。对话框中会显示需要继续投资建设的生产线的信息，勾选决定继续投资的生产线，点击【确认】即可。

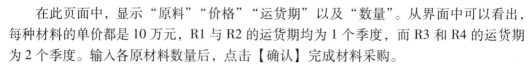

图 3.32　在建生产线

在此界面中，我们可以看见每条生产线的编号、所在厂房、类型、所生产产品的名称、累计投资额、开建时间以及剩余时间。本次对每条生产线投入 50 万元，共计 200 万元，此时剩余库存现金有 120 万元。

只有处在建造期的生产线才会在此对话框中显示，该对话框中会提供处于建造期间的生产线的累计投资额、开建时间和剩余建造期。

③产品研发

按照生产计划，本季度是研发 P3 的第二季，因此在研发界面中选择 P3，然后点击【确定】即可，如图 3.33 所示。

图 3.33　产品研发界面

此时"剩余时间"栏显示"2 季",并投入 10 万元,库存现金为 110 万元。

④当季结束

点击主页面下方操作区中菜单【当季结束】,弹出"当季结束"(图 3.34)对话框。核对当季结束需要支付款项或更新的事项。确认无误后,点击【确定】即可。

图 3.34　当季结束界面

在本季中,需要支付管理费 10 万元,剩余现金 100 万元,如图 3.35 所示。在此处需要加入图,显示现金余额 100 万元。

图 3.35　第三季季末现金情况

(8)第三季结束后即进入第四季操作。在本季度中,按照生产计划,需要完成申请短贷—订购材料—在建生产线—产品研发—市场开拓—ISO 投资—当年结束等流程。第四季季初界面如图 3.36 所示。

图 3.36　第四季季初运营

①申请短贷

点击主页面下方操作区中菜单【申请短贷】，弹出"申请短贷"对话框。在"需贷款额"后输入"309"，如图 3.37 所示，点击【确认】即短贷成功。此时操作页面显示库存现金 409 万元。如图 3.38 所示。

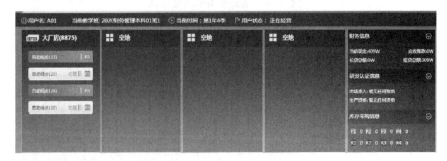

图 3.37　申请短贷

在此可以看出，系统设置的最大贷款金额为 1 800 万元，这是因为：

贷款最大额度＝上一年度所有者权益 × 3－ 已经贷款额度

因此，上年度企业所有者权益为 600 万元，当前无贷款，故而本次额度为 1 800 万元。

图 3.38　库存现金界面

此时再点击【更新原料】按钮，进入第四季度的生产界面。

②订购材料

按照P3的生产计划将于第二年一季度正式投入生产，而P3的原材料中R1需要提前一个季度才能入库，因此需要在本季度完成订购。结合自身产能可知，本季度需要订购4个R1材料。材料订购时无须支付货款。此外，为确保第二年二季度P3的生产，需要再订4个R3和4个R4，具体如图3.39所示。

图3.39　材料订购界面

在此页面中，显示"原料""价格""运货期"以及"数量"。从界面中我们可以看出，每种材料的单价都是10万元，R1与R2的运货期均为1个季度，而R3和R4的运货期为2个季度。输入各原材料数量后，点击【确认】完成材料订购。

③在建生产线

点击主页面下方操作区中菜单【在建生产线】，弹出"在建生产线"对话框（图3.40）。对话框中显示需要继续投资建设的生产线的信息，勾选决定继续投资的生产线，点击【确认】即可。

图3.40　在建生产线界面

在此界面中，我们可以看见每条生产线的编号、所在厂房、类型、所生产产品的名称、累计投资额、开建时间以及剩余时间。本次对每条生产线投入50万元，共计200万元，此时剩余库存现金为209万元。

只有处在建造期的生产线才会在此对话框中显示，该对话框中会提供处于建造期间的生产线的累计投资额、开建时间和剩余建造期。

④产品研发

按照生产计划，本季度是研发P3的第三季，因此在研发界面中选择P3，然后点击【确定】即可，如图3.41所示。

选择项	产品	投资费用	投资时间	剩余时间
☐	P1	10W/季	2季	-
☐	P2	10W/季	3季	-
☑	P3	10W/季	4季	1
☐	P4	10W/季	5季	-

图3.41 产品研发

此时，"剩余时间"栏显示"1季"，并投入10万元，库存现金为199万元。

⑤市场开拓

按照生产计划，需在本年对市场进行开拓。系统中有本地市场、区域市场、国内市场、亚洲市场和国际市场，其投资年限分别为1年、1年、2年、3年、4年。每个市场每年投资额为10万元。

选择项	市场	投资费用	投资时间	剩余时间
☑	本地	10W/年	1年	-
☑	区域	10W/年	1年	-
☑	国内	10W/年	2年	-
☑	亚洲	10W/年	3年	-
☑	国际	10W/年	4年	-

图3.42 市场开拓

在本次操作中，需要对五个市场同时进行开拓，因此分别点击每个市场前的"选择项"，再点击【确定】投入 50 万元，此时库存现金为 149 万元。

⑥ISO 投资

在 ERP 电子沙盘中，ISO 投资包括产品质量认证（ISO 9000）投资和产品环保认证（ISO 14000）投资，且该操作只有每年第四季度才出现。点击主页面下方操作区中菜单【ISO 投资】，弹出"ISO 投资"对话框（图 3.43）。勾选需要投资的 ISO 资质，点击确认即可。

图 3.43 市场开拓界面

在本次操作中，需要对 5 个 ISO 同时进行投资，因此分别点击每个 ISO 前的"选择项"，再点击【确定】投入 30 万元，此时库存现金为 119 万元。

⑦当年结束

该操作在每年第四季度末显示"当年结束"。点击主页面下方操作区中菜单【当年结束】，弹出"当年结束"对话框（图 3.44）。核对当年结束需要支付或更新的事项。确认无误后，点击【确定】即可。

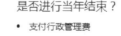

图 3.44 当年结束界面

当年结束时，系统会自动支付行政管理费、厂房续租租金，检测产品开发、ISO投资、市场开拓情况，自动支付设备维修费、计提当年折旧、扣除产品违约订单的罚款。

在此项操作中，需要支付管理费10万元，无其他费用（厂房续租是在第二年一季度支付租金，由于四条生产线现都处于在建阶段，因此无须支付维修费和折旧费，本年度未发生销售，更无违约行为，因此无须支付违约金），因此目前库存现金为109万元。

3.4 填制报表与投放广告

3.4.1 填写报表

点击主页面下方操作区中菜单【填写报表】，弹出"填写报表"对话框（图3.45）。依次在综合费用表、利润表、资产负债表的编辑框内输入相应计算数值，三张表填写过程中都可点击保存，暂时保存数据。点击【提交】，即提交结果，系统计算数值是否正确并在教师端公告信息中显示判断结果。

图3.45 综合费用表

填写综合费用表，管理费每季度10万元，4个季度共40万元，租用大厂房一年40万元，开拓本地、区域、国内、亚洲以及国际市场，每个市场投入10万元，共投入50万元。获取ISO 9000认证投入10万元，ISO 14000认证投入20万元，共计30万元，本年度只是研发了P3产品，每季度投入10万元，总共研发时间为4个季度，总共40万元，其他暂无费用支出，因此本年度综合费用为200万元。

图 3.46 利润表

在本年度中，没有发生产品销售，因此销售收入为"0"，未进行产品生产，因此直接成本也为"0"。本年度新增4条生产线，按照规则，当年建成生产线不折旧，因而折旧为"0"，无财务费用。因此本年度净利润为-200万元。

在本年度，流动资产只有库存现金109万元，在建工程600万元（4条生产自动线，每条自动线建造成本为150万元，此生产线在第二年一季度正式投产，目前处于在建状态），因此资产合计709万元。

本年度中，在第四季度通过银行借款借入309万元的短期借款，未发生长期贷款。因此负债合计309万元。

本年度中，股东资本为600万元，通过查看利润表可知，本年度净亏损200万元，无利润留存，因此所有者权益合计400万元。

$$资产=负债 + 所有者权益$$
$$（709）（309）\qquad（400）$$

3.4.2 获取间谍信息

为获取竞争对手的生产信息，为企业生产经营提供重要参考，系统提供了间谍服务。该模块中可提供获取自己公司信息和其他组信息两种服务，可免费获取自己公司信息，以 Excel 形式查阅或保存企业经营数据。若要查看其他公司的信息，则需支付教师/裁判在参数设置中设定的间谍费，才能以 Excel 形式查询其他企业的数据。

具体操作如下：点击主页面下方操作区中菜单【间谍】，弹出间谍对话框（图3.47），确认下载即可。

图 3.47 获取间谍信息

3.4.3 投放广告

市场开拓完成，相应的市场显示为黑色字体，则可在该市场投放广告费。若市场显示为红色字体，则表示该市场尚未开拓完成，不可以在该市场投放广告费。市场广告费的投放要根据市场的竞争激烈程度、企业自身的产能布置、发展战略、竞争对手的广告投放策略等多方面因素综合考虑。广告投放后，就可等待教师/裁判开启订货会、只有所有的小组均完成广告投放，教师/裁判才会开启订货会。

该操作在每年年初进行，点击主页面下方操作区中菜单【投放广告】，弹出"投放广告"界面（图3.48），录入各市场广告费，点击【确认】即可。

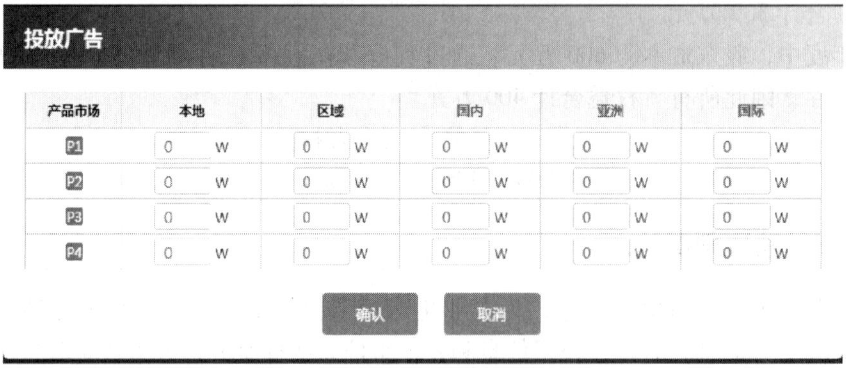

产品市场	本地		区域		国内		亚洲		国际	
P1	0	W	0	W	0	W	0	W	0	W
P2	0	W	0	W	0	W	0	W	0	W
P3	0	W	0	W	0	W	0	W	0	W
P4	0	W	0	W	0	W	0	W	0	W

确认　　取消

图 3.48 投放广告界面

在投放广告后点击【确认】，就会出现"广告投放完毕"界面（图3.49），在此操作中无须支付其他费用，如所得税、支付利息以及长期贷款。

广告投放完毕

准备参加订货会

- 支付广告费
- 支付所得税
- 还本利息/更新长期贷款

确认　　取消

图 3.49　广告投放完毕界面

待所有小组都投放完广告，教师端即可确认选单，如图 3.50 所示。

订货会就绪（等待其他用户投放完广告）！

订单会

图 3.50　订货会就绪界面

企业经营之道

【本章目标】

认识企业经营本质，了解数智化时代传统企业和新兴企业盈利点的异同。

掌握传统制造企业经营基本业务流程，树立战略和管理会计以及业财融合的观念。

运用市场分析法、战略分析法、财务成本管理分析法，来探索企业经营成功之道。

【本章内容】

① 优秀制造企业的经营之道

② 制造企业基本业务

③ 企业经营的本质

④ 企业综合评价

全国大学生 ERP 沙盘模拟大赛已成功举办了十多届，虽然有很多同学通过比赛获得了奖励，但当被问及企业经营成功之道时，部分参赛同学还是说不出来。那么，成功企业的经营是否有一定的规律呢，其成功的经验是否可以复制呢？本章，我们一起来探索优秀制造企业的经营之道。

4.1 优秀制造企业

企业文化和价值观是影响企业经营的主要因素，而企业使命是其中重要因素之一。比如，华为的企业使命是构建万物互联的智能世界，这清晰地指明了华为的发展方向和目标。那企业使命的定义是什么呢？可能答案可能因企业而异，但在这之前，我们先了解下企业是什么。企业是以逐利为目的的社会经济组织，所以企业的使命应主要是为企业创造财富或价值。企业想要完成自己的使命，离不开其自身所处的时代背景、社会条件和技术条件，就像画家离不开笔和纸。随着人工智能技术的发展，制造企业所需的硬件设施也要不断更新，另外软件方面也会随着生成式人工智能（如 ChatGPT）的发展而改变。

近几年，经济和技术变化引领我们进入了第四次工业革命时代。回顾历史，第一次工业革命是蒸汽机时代，英国通过这次工业革命成为"日不落帝国"。第二次工业革命是电力时代，德国和美国通过第二次工业革命相继发展成为世界强国。第三次是信息技术革命，日本通过第三次工业革命成为工业强国。第四次工业革命是智能化改革，那么我们是否能把握住这个机会，中国的企业是否能够创造历史呢？

据国家统计局发布的《综合实力大幅跃升　国际影响力显著增强——党的十八大以来经济社会发展成就系列报告之十三》显示，2013—2021 年，我国对世界经济增长的平均贡献率达到 38.6%，超过 G7 国家贡献率的总和，是推动世界经济增长的第一动力；我国经济年均增长 6.6%，大大高于 2.6% 的同期世界平均增速，也高于 3.7% 的发展中经济体平均增速，经济增长率居世界主要经济体前列。2020 年，面对新冠病毒感染疫情严重冲击，我国经济增长 2.2%，是世界主要经济体中唯一保持正增长的国家。2012 年以来，我国国内生产总值（GDP）稳居世界第二位，占世界经济总量比重逐年上升。2021 年我国 GDP 达 17.7 万亿美元，占世界比重达到 18.5%，比 2012 年提高 7.2 个百分点。我国经济总量与美国的差距明显缩小，且远远高于日本等世界主要经济体。2021 年我国 GDP 相当于美国的 77.1%，比 2012 年提高 24.6 个百分点，是日本的 3.6 倍、印度的 5.6 倍。

在 2023 年《财富》世界 500 强排行榜上，京东排名 52，中国移动排名 62，中国交通排名 63，中国五矿排名 65，中国（含台湾地区）的 142 家上榜公司、美国的 136 家上榜公司，以及日本的 41 家上榜公司，占据上榜企业数量的 64%，以及营收总额的 68%。来自北京、东京、纽约、首尔和上海的上榜公司，占据上榜企业数量的 1/4。那这些企业取得成功，是否有相同点呢？虽然这些企业的所处领域不同，商业模式不同，但它们在创新、管理、股权设计等方面是有共同点的。

4.1.1　创新

从长三角的服装玩具到华强北的电子设备，我们在短短 40 年间实现了从无到有的巨大突破。如今，中国的制造业规模跃居全球首位，拥有 220 多种工业产品产量位居世界第一，成为全世界唯一拥有联合国产业分类中全部工业门类的国家。统计数据显示，从 2012 年至 2021 年，我国制造业增加值从 16.98 万亿元增加到 31.4 万亿元。不夸张地说，"中国制造""世界工厂"已经成了全球家喻户晓的标签。当下来看，无论是产业规模还是产业链条的完整度，中国制造的竞争优势都无可替代。

但这并不意味着我们可以躺在过去的红利之上，我们还要看到中国制造业在自主创新能力、信息化水平、资源利用效率等方面与世界先进水平相比还有一定差距。

在向高质量发展转型的进程之中，企业离不开创新。没有创新，现有的成绩也将会被努力创新的企业淘汰。而我国华为、比亚迪等公司创新力强，它们的品牌已经在世界舞台崭露头角，一批专精特新"小巨人"企业正悄然生长，成为所在领域的"关键先生"。他们的努力，正在赋予"中国制造"全新的内涵。当越来越多的企业家选择投入创新，中国制造业也就拥有了澎湃不息的发展新动能。党的二十大报告指出，坚持把发展经济的着力点放在实体经济上。同时，积极鼓励更多企业创新，这对于那些有志于深耕实业的企业家们而言，意味着获得了新时代的发展机遇。

谈及目前国内最受人尊敬的公司是哪一个？很多人可能会说是华为。其中一个重要原因是华为非常注重创新。华为大概每年将销售收入的10%～15%用于研发，2022年华为研发投入达到1 615亿元人民币，占全年收入的25.1%，十年累计投入的研发费用超过9 773亿。另外，腾讯在《2022年腾讯研发大数据报告》中提到，2022年腾讯内部研发人员占比达到74%，这意味着，平均每四位腾讯员工中，就有三位在从事研发工作。2022年，腾讯新增研发项目超过7 000个，相比2021年增长19.8%；新增代码行数29.4亿行，新增代码库21万个，日均提交代码12.7万次。可见，腾讯的研发力度也是相当大的。

4.1.2 管理与管理者

企业是以获利为目的的商业组织，人是企业最重要的资源，所以成功的企业一定离不开成功的管理者。卡尔·马克思曾说过："人是一切社会关系的总和"，组织是为了实现某些特定的目的（比如赚钱）而对人的一种精心安排。企业的管理者又应该如何管理呢？那管理是什么？管理就是管理者通过计划、组织、指挥、协调和控制被管理者，使得企业员工更加有效地完成组织目标的过程。企业的资源是有限的，所以管理者就一定要做好两件事：一是做正确的事；二是正确地做事。华为、腾讯、京东的成功都离不开管理团队，比如华为的董事会成员包括了很多华为的核心人物，他们的名字无一不代表着华为的辉煌和成就。其中，任正非作为华为的创始人和当前的CEO，在华为的管理层名单中排名第11位，这充分表明了他的专注和谦逊。其他董事会成员们的加入时间也都相当早，他们已经在华为工作了20多年，这显示了华为对于员工的培养和长久合作的态度。

4.1.3 股权结构设计

华为任正非在《一江春水向东流》写道：我创建公司时设计了员工持股制度，通过利益分享，将员工团结起来。那时我还不懂期权制度，更不知道西方在这方面很发达，我只是从自己过去的人生挫折中感悟到要与员工分担责任、分享利益。华为认为，员工和企业的未来发展必定需要紧密联系。以属于市场稀缺资源的企业战略型核心人才为例，如果公司没有和这些核心人才形成长期的利益捆绑，则难以激发其潜能为企业创造更大的价值贡献，而且容易导致核心人才的流向竞争对手，给公司带来生存和发展危机。华为成功的原因之一就是华为持续的股权激励，持续正确的战略决策，企业拥有良好的市场前景，稀释大股东股权比例，加大股权激励的力度，并且针对不同发展阶段的主要问题，采取行之有效的股权激励措施。例如，第一阶段：（1990—1996年）鼓励员工持股来实行内部集资。第二阶段：（1997—2001年）"普惠"式激励的持股制度。华为在1997年完成第一次增资和全员持股。随着公司效益的提升，这一阶段的股权激励主要是解决人才的激励问题。第三阶段：（2001年至今）逐步实行"虚拟受限股"的期权改革。员工取消1元1股的原始股票，老员工的股票也逐渐转化为期股，即以公司年末净资产折算价值的期权，期权的行使期限为4年，每年兑现额度为1/4。

制造企业的经营过程是一个科学决策的过程，整个流程中有几个关键的问题，我们需要好好解读，并将相关知识进行归类整理。教会学生用数据说话，并树立企业战略观念，促进其真正参与到企业的经营管理中，体验企业经营的基本业务流程，感悟企业经营的艰辛。ERP 沙盘模拟就是一家典型的制造业企业，主要基本业务有：采购、生产、销售、融资。

4.2.1 市场预测与广告策略

对制造企业而言，市场是最大的变数，也是企业利润最终的来源，其重要性不言而喻。营销总监可谓是最具有挑战之一的岗位。因此，读懂市场预测，弄清楚市场、产品等的发展趋势，对广告策略的制定非常关键。

然而，读懂了市场预测，还不足以制定出好的广告策略。要想制定出好的广告策略，还需要对竞争对手有正确的评估，因为企业竞争玩的就是博弈，只有知己知彼，才能百战不殆。在实际操作中，很多时候产品价格高，需求也大，结果大家都一头扎进去争夺订单，其结果往往是引发恶性竞争。此时就会出现广告费投入很多，结果订单量却达不到预期的现象。还有另一种情况，有些同学就只在一个区域上投资 70 万元抢夺 4 个订单，而竞争对手是在多个区域上均进行投资的，此时就可能会出现广告费花得多的人，抢到的订单量却很少。

制定好广告策略，企业需要对销售额、销售量、毛利有一个较为明确的目标。最直接的指标是广告投入产出比，即投入 1 万元的广告可以拿到多少销售额，广告投入产出比=订单销售总额/总广告投入。根据经验，前两年广告投入产出比为 5 左右是比较合理的，第三年后，该比例提高至 8~10 是合理的。所以，争夺"市场老大"的位置，不能光靠盲目地投放广告，虽然投钱的时候是挺痛快的，但对企业整体经营是有风险的。在实际操作中，甚至还会出现某家企业未结合自身产能而一味地争夺订单，最后导致自家企业违约的现象。

总之，选单过程紧张激烈，需要各个小组斗智斗勇。没有眼观六路、耳听八方的本事还真不行。可以说，这正是 ERP 沙盘模拟的精彩所在。

4.2.2 计算产能与选单管理

读懂了市场预测，还需要准确计算产能以及掌握选单技巧。因为计算产能可以推算出各种产品在不同区域的可承诺接单量，这样才能制定出好的广告策略，也能为选对订单做好准备。假如企业准备在第一年建 4 条 P3 的自动线，在第一年二季度开始建自动线，则第二年一季度可以开始生产，则第二年二季度就有 4 种产品，滚动操作，第二年三季度有 4 种产品，第二年四个季度有 4 种产品。则第二年就有 12 种产品的产能，则第二年初就要抢 12 种产品，因一个订单里有 2 种、3 种，或 4 种产品。所以要准备 3~4 个订单，而 10

万元 1 个订单，此后每年增加 1 个订单需多投入 20 万元，所以如果是要 4 个订单的话就要在一个区域投入 70 万元，或者在两个区域上分别各投入 30 万元。

由于选单的时间比较紧张，所以同学们需要提前掌握选单技巧。选单界面如图 4.1 所示。

图 4.1　第二年选单界面

要想又快又好地完成选单，同学们应提前熟悉选单系统，要能看懂选单界面：第一排主要显示正在选单的两个市场，以及哪些市场无广告。第三排是哪一组在什么市场，选什么产品，选单剩余时间还有多久。左边的表格里显示的是选单优先顺序，右边的表格里显示的是具体的订单信息。同学们在选单的时候最好能够分工协作，例如，可以安排一位同学将选单界面拍下来，记录相关信息，然后再安排一位同学了解竞争对手广告投放情况以及"市场老大"情况，还可以安排一个人记录已经选的订单，第四位同学就操作系统，第五位同学则当总指挥。

4.2.3　订购计划

获得订单后，就可以编制生产计划和原材料订购计划。两者可以同时编制，企业首先应明确产品在各条生产线上的投产时间，然后根据各生产线的生产周期推算每条生产线的产能及下材料订单的时间和数量。

以电子沙盘本科规则二下生产 P3 为例，假定第二年初拿了 16 个 P3 产品的订单，目前产能是一个季度生产 4 个产品。想要第三年能顺利交单，则在第二年四季度就要生产 4 个产品，第三年第一季度生产 4 个产品，以此类推。已知生产 1 个 P3 需要 1 个 R1、1 个 R3 和 1 个 R4，以及 R3 和 R4 需要提前两个季度，R1 需要提前一个季度订，所以想要第二年四季度生产 P3，则 R3 和 R4 就需要在第二年二季度订购，R1 就需要在第二年三季度订购，具体的订购计划如表 4.1 所示。

表 4.1　订购计划表

年份	第一季度	第二季度	第三季度	第四季度
第二年		4 个 R3 和 4 个 R4	4 个 R3 和 4 个 R4，以及 4 个 R1	4 个 R3 和 4 个 R4，以及 4 个 R1
第三年	4 个 R3 和 4 个 R4，以及 4 个 R1	4 个 R3 和 4 个 R4，以及 4 个 R1		

4.2.4　编制现金流量表

在 ERP 沙盘的实际操作中，同学们可能会有以下几种情况：第一，当看到现金库资金比较多时，一般人都会比较放心；第二，有的时候会出现现金充足却破产的情况；第三，有的人会选择能借钱的时候就尽量多借点，以避免下年权益降了而借不到。这说明有些人员对资金的管理还不太理解，下面针对这三个方面的问题来具体阐述。

（1）库存现金越多越好吗？

库存现金并非越多越好。资金如果够用，那么库存现金越少越好。资金从哪里来？可以是银行贷款，这是要付利息的，短期贷款的利率最低也要 5%；也可以是股东投资，股东也是要经营者拿钱去赚钱的，如果这些钱放在企业里闲置，这并不能增加股东的收益；另外，还可能是销售回款，这些钱如果在企业闲置，同样也无法创造收益，更何况资金是有时间价值的。在 ERP 电子沙盘实操中，我们一开始的现金来源，也就是股东的原始资金 600 万元，这这一数额也可根据规则设计而调整。

（2）现金充足，为什么破产？

破产有两种情况：一种是权益为负，另一种是资金断流。权益和资金是两个概念，千万不要混淆，那这两者之间有什么关系呢？从短期来看，两者是矛盾的，资金越多，需要付出的资本成本就越高，这反而会降低本年的所有者权益；从长期来看，两者又是统一的，所有者权益多了，就可以从银行借更多的钱。要知道，银行最大的一个特点就是"嫌贫爱富"。在 ERP 电子沙盘实际操作中，特别在企业经营初期，到底是以所有者权益为重，还是以现金为重，这是很难选择的。但企业要想发展，必须得不断借钱和进行投资，但这时候受制于所有者权益，借钱也就受到了很大的限制。因此，企业在经营的第一年应尽量减少亏损，第二年力求盈利。

（3）担心权益降了，尽量多贷款？

这个观点有一定的道理，但是也不能盲目借款。比如，在 ERP 电子沙盘实际操作中，有一组学生第一年直接把 1 800 万元的长期贷款额度贷完了，而自己的产能只有 4 条生产线，广告投放也不足，导致市场订单也不多，第二年所有者权益就很少，到第三年所有者权益就为负，最终就破产了。

通过以上分析，我们可以看出，资金管理对企业经营的重要性。资金是企业日常经营的血液，一天都不可断流。我们将可能涉及资金流入流出的业务汇总，不难发现几乎所有业务都涉及资金。如果将下年可能的发生额填入表中，就自然形成了资金预算表。如果资金出现断流，企业就必须及时调整，寻找资金来源，及时进行补充。

从新商战电子沙盘资金预算表的编制中，我们发现，系统中的现金流入项目实在太有限，主要依靠交单来获得销售收入，形成现金或者应收账款。但是，降低所有者权益的项目有很多，这主要是会影响利润表的项目。例如：长期贷款、短期贷款以及贴现会增加财务费用；出售生产线会损失部分净值；违约会产生违约金；每季度的管理费；生产线的折旧费和维修费，等等。另外，虽然出售厂房不影响权益，但是购置厂房的时候是一次性付款，而出售厂房后只能得到4个季度的应收账款，这中间又损失了一年的资金使用价值。

通过以上分析，我们明白了现金预算的意义主要有：一是，保证企业能够正常运作，不发生资金断流，否则企业就会破产出局；二是，合理安排资金，降低资金成本，使股东权益最大化。

现金预算和销售计划、开工计划、原材料订购计划综合使用，既能保证各计划正常执行，又能保证不出现浪费，如库存积压、生产线停产、盲目超前投资等。同时，如果市场形势、竞争格局发生改变，现金预算还要能及时动态调整，适应市场环境变化。资金是企业正常运行的命脉，现金的合理安排，能够为其他部门的正常运作提供强有力的保障。至此，我们应该了解财务总监的位置的重要性了吧。它为企业的良性运作保驾护航，以后不要怪他们"抠门"。

4.2.5 制定战略规划

在ERP电子沙盘实操中，沙盘企业经营的成败，在很大程度上与企业的战略规划密切相关。规划，从某种程度上来说，就是要让自己的团队知道自己要做什么，什么时候做，怎么样做，做或不做会对企业造成什么影响。

以下七个场景是我们在ERP电子沙盘实操企业经营中经常碰到的：

（1）盲目建了3条，甚至4条全自动或柔性线，建成后发现流动资金不够了，只好停产。

（2）脑子一发热，好不容易抢来的"市场老大"地位，第二年就只能拱手相让了。

（3）在某个市场上狠砸广告费，却发现并没有什么竞争对手，造成极大的浪费。

（4）开发了很多新产品，开拓了很多市场，却自始至终没有将产品卖出去。

（5）还没有搞清楚要生产什么产品，就匆匆忙忙采购了一堆原材料。

（6）销售不错，就是不赚钱，利润还是负值。

（7）还不怎么熟悉操作运营规则，就投资生产高利润、高风险的P4产品。

很多经营者一直都是稀里糊涂的，这是典型的没有战略规划的表现。所谓战略，就是一种从全局谋划实现全局目标的规划，而战术只是为实现战略的手段之一。实现战略目标，有时候往往要牺牲部分利益。企业所拥有的资源是有限的，如何分配这些资源，使得企业价值最大化，这就是我们要提前规划好的。

ERP沙盘模拟企业经营必须在经营开始就要提出九个战略问题，如下：

（1）企业的经营目标是什么？企业经营目标的核心是盈利目标。这个可根据课堂上课情况来调整。分阶段让学生理解和掌握经营目标的，可以根据阶段目标来调整。比如，如果是不破产战略，则应尽量在第一年尽量少亏损，第二年营利，第三年营利更多。

（2）企业想开发什么市场？何时开发？

（3）企业想卖什么级别的产品？何时生产和研发？

（4）企业是否需要进行 ISO 资格认证？何时开发？

（5）企业想建设什么生产线？何时建设？如何同产品研发配套？

（6）企业的融资策略是什么？融资规则是什么？

（7）企业今年的市场（广告）投入策略是什么？

（8）企业选单的技巧是什么？

（9）企业前三年厂房是买还是租？

ERP 沙盘模拟经营中，为了实现战略目标，最有效的方法是编制长期资金使用规则。同学们可以预先将六年的资金预算一并做出，这样就形成了资金规则。同时，将六年的财务报表、生产计划、采购计划预测也一并完成，就形成了一套可行的战略措施。建议同学们在 ERP 沙盘模拟实操中，至少准备一套不破产的方案和一套盈利的方案，这样在执行过程中可以随时进行动态调整。

在遇到利润不足时，同学们可以从成本和销售两方面来思考：一是销量不高。可以反思在产品选择上是否出现差错，市场是否选择正确，自己的竞争力如何。二是成本太高。可以反思一下自身的生产效率为最优，资金成本是否合理，市场广告投入是否合理。

注意：

（1）在战略的制定和执行过程中，永远不要忘记你的竞争对手，对手的一举一动都会对你的企业运营产生重要影响。

（2）前三年是经营的关键时期，此时企业资源较少，战略执行必须步步为营。要用好每一分钱，而且前期若是被对手拉开差距，后期想要追赶是很难的，一年浪费 1 万元，可能导致第六年所有者权益能相差几十万元，这也就是"蝴蝶效应"。

4.3　企业经营的本质

4.3.1　经营目标

大多数企业都是营利性组织，其主要目的就是获利。企业处于市场之中，就会面临激烈的市场竞争，并随时需要面对生存、发展、萎缩甚至倒闭的难题。企业必须生存下去才有可能获利，只有不断发展才能求得生存。因此，企业经营的目标可以概括为生存、发展、获利以及成为"市场老大"。

（1）生存

生存是企业经营的第一步，只有做到这个才有发展，才可能成为"市场老大"。企业在市场中生存下去的基本条件有以下两个：

①收支平衡

长期来看，企业从市场上获得的资金至少要等于付出的资金，才能维持继续经营，这是企业长期存续的基本条件。

②到期债务偿还

企业如果不能偿还到期债务，就可能被债权人接管或被法院判定破产。因此，企业生存的主要威胁主要来自两个方面：一是长期亏损；二是不能偿还到期债务。

亏损企业为了维持运营被迫进行偿债性融资，借新债还旧债，如不能扭亏为盈，迟早会因借不到钱而无法进行资金周转，从而不能偿还到期债务。盈利企业也可能出现"无力支付"的情况。比如，企业借款扩大业务规模，但冒险失败，为偿债必须出售不可缺少的厂房和设备，这样就使企业生产经营无法持续下去。

（2）发展

很多时候，企业发展和企业生存是相互的。企业的生产经营如逆水行舟，不进则退。企业的发展集中表现为扩大收入。扩大收入的根本途径是提高产品的质量，增加销售的数量，这就要求企业不断更新设备、技术和工艺，并不断提高各种人员的素质，也就是投入更多、更好的物质资源、人力资源，并改进技术和管理。在市场经济环境下，企业的发展是离不开资金和资源的，而资金和各种资源的获取都是需要付出相应成本的。

（3）获利

在经营过程中，企业一定是要能获利的，才能为企业的生存和发展注入动力。获利不但体现了企业经营的目的，而且可以衡量其他目标的实现程度，并有助于其他目标的实现。从财务上看，获利就是使资产获得超过其投资的回报。在市场经济环境下，做任何事情，我们都应该衡量投入产出比，而不能想当然地想建什么就建什么。

（4）成为"市场老大"

在企业生存下来，有发展潜力，也有获利能力的时候，我们就要考虑如何才能成为该市场的"老大"的问题。那么，此时企业的经营目标就应该围绕如何提高市场份额来设置。该阶段就要考虑如何扩大产能，如何预测市场等。

4.3.2 经营本质概述

企业利用一定的经济资源，通过向社会提供产品或服务，进而获取利润，从而增加所有者权益。所有者权益增加在企业沙盘经营中是最重要的融资来源之一，也是企业沙盘系统评分最重要的指标之一，要记住这句话，这就是企业经营的本质。也是企业经营一切行动的指南。

（1）会计恒等式的应用

会计恒等式即"资产＝负债+所有者权益"，它揭示了企业财务状况的基本结构。企业从投资者（所有者）和债权人那里筹集资金，然后根据筹到的资金，进行采购厂房、设备、生产线、购买原材料、生产加工，同时拿订单、交货，又会形成应收账款，而这些资金的去处就是会计里的资产。通俗地讲，资产反映了企业的钱花在哪些地方了；负债和所有者权益就是企业的钱从哪里来的。企业筹集到的钱都有资金成本，所以当我们把钱用在资产（厂房、设备、生产线、原材料、加工、应收账款、货币资金等）上时，必须关注资产的回报率是多少，以及产生的收益率，还要对比收益率与资金的成本率的大小。只有在资产的收益率大于资金的成本率时，企业才有利润。

（2）企业资金来源

从会计的恒等式中，我们知道企业的资金来源主要是负债和所有者权益。其中，负债主要有两类：一是长期负债，一般是指企业从银行那获得的长期贷款。其优点是期限长，企业在短时间不用还本金，缺点是贷款利率比较高。二是短期负债，一般是指企业从银行获得的短期贷款。其优点是贷款利率比较低，缺点是企业在一年内要还本金和利息，还款压力大。至于所有者权益，企业刚创立时，所有者权益主要体现为股东资本。随着企业的发展，后续会有净利润来增加或降低所有者权益。

（3）增加所有者权益

企业在经营过程中产生的利润，除了支付利息和缴纳税金之外，还需要考虑是否需要给股东分红，如果股东不分红，则将剩余净利润投入企业下一年的经营中，此时就会增加资产，同时也会增加所有者权益。简单地说，在 ERP 沙盘实际操作中，增加所有者权益主要依靠净利润的增加，如果净利润是负值，则会降低所有者权益，如果净利润是正值，则会增加所有者权益。

（4）增加利润的途径

在 ERP 沙盘实际操作中，为了增加所有者权益，我们就要增加利润。想要增加利润，就得弄清楚利润是什么。

利润总额=营业利润+营业外收入-营业外支出+投资收益-投资损失

营业利润=营业总收入-营业总成本-财务费用-管理费用-销售费用-研发费用

根据这两个等式，我们可以了解到，要想增加利润总额，关键在于增加营业利润。要想增加营业利润，主要途径是增加营业总收入和降低营业总成本和期间费用（财务费用、管理费用、销售费用、研发费用）。用一句通俗语言来讲，就是"开源节流"。

第一，增加营业收入，即开源。这可以通过开拓市场、增加产品种类和扩大产能来实现。在 ERP 沙盘实际操作中，一般在第二年年底，企业就要计划如何开源。这时候主要是通过增加产品种类，比如研发 P4，同时增加生产线，来实现第四年及以后的收入提升。

第二，降低营业成本，即节流。这可以通过生产计划和采购计划来实现不闲置资产的目标，从而提高资产的使用效率。在 ERP 沙盘实际操作中，采购和生产尽量不要出现操作失误，因为这样很容易导致违约订单的产生，或者紧急采购，给企业造成不必要的损失。

第三，降低期间费用，即节流。一是通过在合适的时间开发产品，来提高资金的利用率。二是可以通过现金编制预算，来合理规划贷款，从而降低财务费用。三是可以通过在恰当的时候开发生产线，实现少一年的折旧费和晚一点支付维修费，进而降低管理费用。四是可以通过恰当地规划广告投放，来降低广告费支出。关于"开源节流"的具体措施详见表 4.2 所示。

4

企业经营之道

表 4.2 "开源节流"途径表

渠道	方式	举例
增加收入	扩大市场范围	比如认证本地、区域、全国、亚洲等市场
	进行品牌认证	比如开拓 ISO 9000 和 ISO 14000
	增加生产线	比如在第四年可以考虑增加到 16 条生产线
降低营业成本	合理计划 原材料费用	比如根据当年的拿单情况以及上年的剩余生产情况来制订计划
	加工费用	在 ERP 沙盘实战中,应结合生产情况
	生产组织	比如大厂房里如果只有两条生产线,就会造成资源浪费
降低财务费用	合理贷款	比如第一年就把 1 800 万元的长贷贷完,就会造成每年的长贷利息费很高
降低销售费用	合理广告投入	比如有些同学能用 50 万元的广告费能拿到 1 200 万元的单子,而有些同学则需花费 90 万元的广告费才拿到 800 万元的单子
降低管理费用	降低折旧费和维修费	比如将生产线的建成时间尽量控制在年末,这样就可以少一年的折旧费和维修费
降低研发费用	合理计划研发	比如第一年就研发 P1、P2、P3、P4 四种产品,这是不可取的

4.4 企业综合评价

在 ERP 沙盘模拟经营过程中,全部小组的初始状态设置都是一样的企业,但经营三年后企业之间就会出现很大的差异——有的企业破产,有的企业失去贷款资格,有的企业的利润一直是负值,有的企业的利润却很高,有的企业库存现金很多……为什么会产生不同的结果呢? 这是同学们在模拟企业经营过程中应该一直要考虑的问题。

本小节将某企业六年的数据展示出来,并分别从市场占有率、全成本分析、产品贡献度、本量利分析、杜邦分析体系等财务角度来进行分析,帮助同学们掌握"用数据说话"的能力,能够分析企业经营成果,能够找出影响企业利润的关键因素,并掌握企业经营的成功之道。如表 4.3~表 4.5 是某企业五年的经营数据(数据来源于某一电子沙盘实训课程的 M 组)。

从表 4.3~表 4.5 可以看出,该小组除第五年外,其余年份的销售业绩平平,甚至有 3 年的净利润都是负值。从第四年起,其销售收入增长较快,但由于第四年综合费用是所有年份最高的,所以第四年的净利润也不是很高。

表 4.3 M 组 5 年综合费用表　　　　　　单位:万元

年度	第一年	第二年	第三年	第四年	第五年
管理费	40	40	40	40	40
广告费	0	28	42	62	64

表4.3(续)

年度	第一年	第二年	第三年	第四年	第五年
设备维护费	30	90	85	80	80
转产费	0	0	0	0	0
租金	80	80	80	80	80
市场准入开拓	20	0	10	10	0
产品研发	90	0	0	0	0
ISO认证资格	30	0	0	0	0
信息费	0	0	0	0	0
其他	0	0	18	75	0
合计	290	238	275	347	264

表4.4　M组5年资产负债表　　　　　　　　　　　　　　　　单位：万元

年度	第一年	第二年	第三年	第四年	第五年
现金	710	103	438	468	816
应收款	0	303	0	0	0
在制品	70	40	160	140	140
产成品	0	170	160	270	270
原材料	270	180	50	90	30
流动资产合计	1 050	796	808	968	1 256
土地和建筑	0	0	0	0	0
机器与设备	210	618	468	330	210
在建工程	250	0	0	0	0
固定资产合计	460	618	468	330	210
资产总计	1 510	1 414	1 276	1 298	1 466
长期负债	1 200	1 200	1 200	1 200	1 200
短期负债	0	0	0	0	0
特别贷款	0	0	0	0	0
应交税费	0	0	0	0	0
负债合计	1 200	1 200	1 200	1 200	1 200
股东资本	600	600	600	600	600
利润留存	0	−290	−386	−524	−502
年度净利	−290	−96	−138	22	168
所有者权益合计	310	214	76	98	266
负债和所有者权益总计	1 510	1 414	1 276	1 298	1 466

表 4.5　M 组 5 年利润表

年度	第一年	第二年	第三年	第四年	第五年
销售收入	0	504	663	1 009	1 172
直接成本	0	200	280	400	500
毛利	0	304	383	609	672
综合管理费用	290	238	275	347	264
折旧前利润	−290	66	108	262	408
折旧	0	42	126	120	120
支付利息前利润	−290	24	−18	142	288
财务费用	0	120	120	120	120
税前利润	−290	−96	−138	22	168
所得税	0	0	0	0	0
净利润	−290	−96	−138	22	168

4.4.1　市场占有率

市场占有率的高低决定了谁拥有主动权。市场的获得又与各企业的市场分析和营销计划相关。另外，市场占有率是企业综合能力的一种表现，企业只有拥有了市场，才能在市场中获得更多收益。

市场占有率指标可以按销售数量统计，也可以按销售收入统计。它们前者反映企业的销售产品的能力，后者反映企业获取利润的能力。

综合市场占有率是指企业在某个市场上全部产品的销售数量（收入）与该市场全部产品的销售数量（收入）之比。

$$\text{某市场某企业的综合市场占有率} = \frac{\text{该企业在该市场上全部产品的销售数量（收入）}}{\text{全部企业在该市场上各类产品总销售数量（收入）}} \times 100\%$$

表 4.6 是在本地市场上各小组的第三年的市场占有数据。

表 4.6　本地市场上各小组的第三年的市场占有数据

项目	第一组	第二组	第三组	第四组	第五组	第六组
本企业在本地市场上的销售数量	11	18	7	8	9	7
所有企业在本地市场上的销售数量和	70	70	70	70	70	70

根据表 4.6 计算各小组第三年的市场占有率：

第一组综合市场占有率 = 11÷70×100% = 15.71%

第二组综合市场占有率 = 18÷70×100% = 25.71%

第三组综合市场占有率 = 7÷70×100% = 10%

第四组综合市场占有率 = 8÷70×100% = 11.43%

第五组综合市场占有率 = 9÷70×100% = 12.86%

第六组综合市场占有率 = 7÷70×100% = 10%

结果显示，第二组的综合市场占有率最高，拥有最大的市场份额而成为市场领导者，根据规则，该组在后续几年的广告费就可以节省一些，营销规划也更容易制定了。

4.4.2 全成本分析

全成本分析属于企业盈利能力分析指标之一，它用于分析各项费用占销售收入的比重，我们一般从占比较高的那些费用支出入手，然后分析其发生的原因，然后再提出控制费用或者降低费用的措施。第三年各小组的净利润情况如表 4.7 所示：

表 4.7　第三年各小组的净利润情况　　　　　单位：万元

用户名	A01	A02	A03	A04	A05	A06
销售收入	196	1 209	702	667	1 722	663
直接成本	80	520	320	270	720	280
毛利	116	689	382	397	1 002	383
综合管理费用	176	242	225	624	306	275
折旧前利润	−60	447	157	−227	696	108
折旧	60	90	120	212	168	126
支付利息前利润	−120	357	37	−439	528	−18
财务费用	40	76	83	180	214	120
税前利润	−160	281	−46	−619	314	−138
所得税	0	0	0	0	17	0
净利润	−160	281	−46	−619	297	−138

综合管理费用率 = 综合管理费用/销售收入，根据上表计算各小组的综合管理费用率：

A01 小组的综合管理费用率 = 176÷196×100% = 89.80%

A02 小组的综合管理费用率 = 242÷1 209×100% = 20.02%

A03 小组的综合管理费用率 = 225÷702×100% = 32.05%

A04 小组的综合管理费用率 = 624÷667×100% = 93.55%

A05 小组的综合管理费用率 = 306÷1 722×100% = 17.77%

A06 小组的综合管理费用率 = 275÷663×100% = 41.48%

结果显示，A05 小组的综合管理费用率最低，这说明 A05 在费用管理上做得还不错，或者销售业绩很好。根据表 4.7 的数据，A05 的销售业绩是所有组中最好的。

A05 前 5 年的综合管理费用和净利润情况见表 4.8 和表 4.9。

表 4.8　A05 第一至第五年的综合管理费用　　　　　单位：万元

年度	第一年	第二年	第三年	第四年	第五年
管理费	40	40	40	40	40

年度	第一年	第二年	第三年	第四年	第五年
广告费	0	70	65	84	90
设备维护费	15	115	115	115	115
转产费	0	0	0	0	0
租金	76	76	76	76	76
市场准入开拓	20	10	10	10	0
产品研发	90	0	0	0	0
ISO 认证资格	30	30	0	0	0
信息费	0	0	0	0	0
其他	0	57	0	38	0
合计	271	398	306	363	321

我们先根据上表计算出 A05 第二至五年的综合管理费用率。

因第一年没有订单，所以销售额为 0，所以不计算综合管理费用率。则：

第二年综合管理费用率＝398÷1 070×100%＝37.20%

第三年综合管理费用率＝306÷1 722×100%＝17.77%

第四年综合管理费用率＝363÷1 599×100%＝22.70%

第五年综合管理费用率＝321÷1970×100%＝16.29%

表 4.9　A05 第一至五年的净利润　　　　　　　　单位：万元

年度	第一年	第二年	第三年	第四年	第五年
销售收入	0	1 070	1 722	1 599	1970
直接成本	0	450	720	660	850
毛利	0	620	1 002	939	1 120
综合管理费用	271	398	306	363	321
折旧前利润	−271	222	696	576	799
折旧	0	18	168	168	168
支付利息前利润	−271	204	528	408	631
财务费用	0	180	214	180	180
税前利润	−271	24	314	228	451
所得税	0	0	17	57	113
净利润	−271	24	297	171	338

结果显示，从第二年到第五年综合管理费用率逐年在下降（排除第四年），这说明 A05 经营和管理能力在提高。但第四年的综合管理费用率却大于了第三年的综合管理费用率。而第四年的综合管理费用为是 363 万元以及销售额是 1 599 万元，相比第三年，第四年的综合管理费用高了，销售额低了。因此有必要分析 A05 小组第四年的综合管理

费用的各科目的情况，以及产品的贡献度情况（这部分放在下一节来阐述）。表4.9显示，第四年的综合管理费中，其他费用属于异常情况，而这部分主要是违约、紧急采购等导致，所以这反映了A05在第四年产能与市场订单情况方面没有规划好。

4.4.3　产品贡献度

产品的年贡献度的计算方式为

$$产品的年贡献度＝本产品总销售额／本年度总销售额$$

如表4.10所示，A05第四年的订单列表，我们根据表4.10计算出P1、P2、P3的年贡献度：

P1的年贡献度＝（192+162+48）÷（192+288+162+288+380+48+150+283）

＝20.40%

P2的年贡献度＝（288+288+150）÷（192+288+162+288+380+48+150+283）

＝36.83%

P3的年贡献度＝（380+283）÷（192+288+162+288+380+48+150+283）

＝37.02%

根据计算结果，P1产品的年贡献度最低，而P2和P3的年贡献度高，且相当。同时表中还显示P1的订单有违约情况，且总价在192万元，所以估计A05是在P1订单的产能计划和获取方式上出现了问题，才导致违约的。同时由于P1的毛利较低，贡献度也低，所以建议后续年份应以生产和销售P2和P3产品为主。

表4.10　A05第四年的订单列表

订单编号	市场	产品	数量	总价	状态	得单年份	交货期	账期	ISO	交货时间
S411_05	本地	P1	4	192	已违约	4年	4季	2季	ISO 9000	—
S412_01	本地	P2	4	288	已交货	4年	4季	0季	—	第四年一季度
S421_06	区域	P1	3	162	已交货	4年	4季	1季	ISO 9000	第四年一季度
S422_04	区域	P2	4	288	已交货	4年	4季	1季	—	第四年二季度
S423_04	区域	P3	4	380	已交货	4年	4季	0季	ISO 9000	第四年三季度
S431_03	国内	P1	1	48	已交货	4年	3季	0季	—	第四年三季度
S432_05	国内	P2	2	150	已交货	4年	4季	0季	ISO 9000	第四年一季度
S433_05	国内	P3	3	283	已交货	4年	4季	2季	ISO 9000	第四年一季度

4.4.4　本量利分析

本量利分析（cost-volume-profit analysis），简称"成本-业务量-利润分析"，同时也叫保本分析或盈亏平衡分析。它主要被用来研究产品价格、业务量（销售量、服务量或产量）、单位变动成本、固定成本总额、销售产品的品种结构等因素的相互关系，为企业制定关于产品结构、产品定价、促销策略以及生产设备利用等决策提供依据。本量利分析中，最为人们熟悉的形式是盈亏临界分析或称保本分析。许多人把这两者等同起来。确切地说，盈亏临界分析只是全部本量利分析的一部分。显然，盈亏临界分析并非只着眼于找出一个不盈不亏的临界点或称保本点，它所期望的是帮助企业获得尽可能好的经营成果。这种分析方法可以用来预测企业的获利能力；预测要达到目标利润应当达到的销售量或销售额；预测变动成本、销售价格等因素的变动对利润的影响，等等。本量利分析的示意如图 4.2。

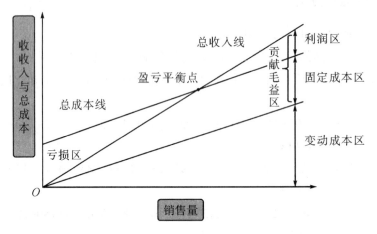

图 4.2　本量利分析

企业收入即销售额=销售数量×销售单价，假定销售单价不变，则企业收入与销售数量成正比。而企业总成本主要分为固定成本和变动成本两个部分，其中固定成本和销售数量无关，如 ERP 沙盘中的综合管理费用、折旧费、利息、维修费等。变动成本和销售数量有关，如 ERP 沙盘中的采购费用、加工费等。当总收入线=总成本线时，该交点的销售数量就是盈亏平衡的销售点。利润和盈亏平衡临界点销售量的计算公式为

利润总额=销售额-总成本

　　　　=单价×销售数量-（固定成本+变动成本）

　　　　=单价×销售数量-固定成本-单位变动成本×销售数量

　　　　=（单价-单位变动成本）×销售数量-固定成本

当利润总额=0时，即

盈亏平衡临界点销售数量=固定成本/（单价-单位变动成本）

假定第一年买了一个大厂房，建了 4 条自动线，研发了 P3，开拓 3 个市场（本地，区域，全国），开发了 ISO 9000 和 ISO 14000。假定第一年年末建好生产线，第二年固定成本则为 110（万元）=40+40+30（万元），第二年 P3 销售单价为 85（万元），直接成本为 3（万元），则盈亏平衡临界点销售数量=110/（85-3）=1.34，向上取整为 2个。即如果企业在第二年 P3 产品销售量不足 2 个，本年度就会亏损。

结合图 4.2 我们可以看出，盈利不佳主要是因为成本过高或产能不足，所以企业在经营过程中，应最大限度缩小盈亏平衡点的销量或销售收入，尽量提高盈利销量，实现企业利润最大化的目标。

4.4.5　杜邦分析

杜邦分析是指从财务角度出发来评价企业绩效的一种经典方法。杜邦分析法将若干

个用以评价企业经营效率和财务状况的比率有机结合起来，形成一个完整的指标体系，并最终通过净资产收益率来综合反映，有助于深入分析企业经营业绩。杜邦分析就是利用几种主要的财务比率之间的关系来综合地分析企业的财务状况，这种分析方法最早由美国杜邦公司使用，故名杜邦分析法，如：

（1）权益净利率是一个综合性最强的财务分析指标，也是杜邦分析系统的核心。

（2）资产净利率是影响权益净利率的最重要的指标，具有很强的综合性，其取决于销售净利率和总资产周转率的高低。总资产周转率是反映企业总资产的周转速度。对资产周转率进行分析，需要先分析影响资产周转的各因素，以判明影响公司资产周转的主要问题在哪里。销售净利率反映销售收入的收益水平。增加销售收入，降低成本费用是提高企业销售利润率的根本途径，而扩大销售同时也是提高资产周转率的必要条件和途径。

（3）权益乘数表示企业的负债程度，反映了公司利用财务杠杆进行经营活动的程度。资产负债率高，权益乘数就大，这说明公司负债程度高，公司会有较多的杠杆利益，但风险也高；反之，资产负债率低，权益乘数就小，这说明公司负债程度低，公司会有较少的杠杆利益，但相应所承担的风险也低。

杜邦分析法中的几种主要的财务指标关系为

净资产收益率（ROE）＝资产净利率（净利润/总资产）×权益乘数（总资产/总权益资本）

资产净利率（净利润/总资产）＝销售净利率（净利润/营业总收入）×资产周转率（营业总收入/总资产）

即

净资产收益率（ROE）＝销售净利率（NPM）×资产周转率（资产利用率）×权益乘数

从图4.3可以看出，我们想要提高净资产收益率，主要是从三个指标入手，即销售净利率、总资产周转率、权益乘数。

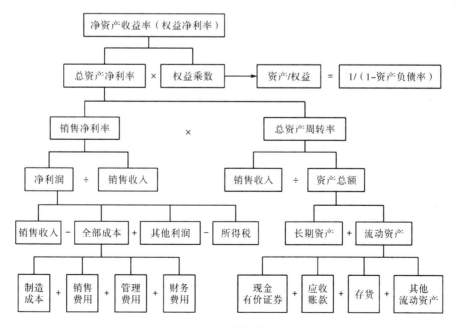

图4.3　杜邦分析

第一，销售净利率。

销售净利率，又称销售净利润率，是净利润占销售收入的百分比。对于该指标，也可以理解为企业实现净利润与销售收入的对比关系，反映企业能够取得多少营业利润，用以衡量企业在一定时期获取销售收入的能力。

销售净利率的计算公式为

$$销售净利率＝（净利润/销售收入）×100\%$$

销售净利率反映公司销售收入的盈利水平。销售净利率提高，说明公司的获利能力提高；销售净利率降低，说明公司的获利能力下降，投资者可以进一步分析下降原因到底是营业成本上升还是公司降价销售，是期间费用过多还是投资收益减少等，以便更好地对公司经营状况进行判断。所以，想要提高销售净利率，进而提高净资产收益率的途径有：①增加销售收入（开源）；②降低成本费用（节流）。

增加销售收入是我们提高销售净利率首要的途径。但当市场环境比较激烈时，或者市场需求疲软时，降低成本费用就是企业财务管理很重要的内容。因为我们可以通过各项成本费用开支的列示，分析企业成本费用的结构，从而提出加强成本费用控制的措施。比如，2022年前后，中国很多互联网大公司都在裁员，最主要的原因之一就是市场经济环境不好，增加销售收入的方式行不通，就只有降低成本，而互联网大公司的主要成本之一就是人工费用。

第二，总资产周转率。

总资产周转率是指一定时期内营业收入同资产总额的比值，它反映公司通过各项资产形成营业收入的效率，是综合评价企业资产的经营质量和运营效率的重要指标。

总资产周转率的计算公式为

$$总资产周转率（次）＝销售收入/平均资产总额$$

在上式中，销售收入是指销售总收入减去销售退回、折扣、扣让后的净额；平均资产总额可采用年初年末的平均数衡量，公式为

$$平均资产总额＝（资产总额年初数＋资产总额年末数）/2$$

总资产周转率综合反映了上市公司整体资产的营运能力。一般来说，总资产周转率越高，周转天数则越少，表明其周转速度越快，营运能力也就越强。通过对比分析该指标，可以发现公司本年度以及以前年度总资产运营效率的变化，发现其与同类公司在资产利用上的差距。总资产周转率越大，说明企业运营资产的能力越强，总资产周转率越低，说明企业没有充分利用已有的资产或者存在多余的、闲置的资产，企业应该提高各项资产的利用效率，处置多余的、闲置的资产。

所以想要通过提高销售净利率，进而提高净资产收益率的途径有：①增加销售收入；②降低总资产。

增加销售收入主要通过提高市场占有率来实现，降低总资产主要通过处理闲置的资产，合理调整资产结构。比如，检查资产总额中的流动资产和非流动资产的结构安排是否恰当。

第三，权益乘数。

权益乘数，即资产总额是股东权益总额的多少倍，权益乘数反映了企业财务杠杆的大小，权益乘数越大，说明股东投入的资本在资产中所占的比重越小，财务杠杆越大。

权益乘数计算公式为

$$权益乘数 = 资产总额 / 股东权益总额$$

权益乘数较大，表明企业负债较多，一般会导致企业财务杠杆率较高，财务风险较大。在企业管理中，必须寻求一个最优资本结构，以实现企业价值最大化。例如，在借入资本成本率小于企业的资产报酬率时，借入资金不仅会产生避税效应（债务利息税前扣除），提高每股收益（EPS），还会因杠杆效应使企业价值随债务增加而增加。但杠杆扩大也使企业的破产可能性上升，而破产风险又会使企业价值下降。

权益乘数代表公司所有可供运用的总资产是业主权益的倍数。权益乘数越大，代表公司向外融资的财务杠杆倍数也越大，公司将承担较大的风险。但是，若公司营运状况刚好处于上升趋势中，较高的权益乘数反而可以创造更多的公司利润，通过提高公司的股东权益报酬率，对公司的股票价值产生正面激励效果。

因此，通过提高权益乘数来提高净资产收益率时，一定要注意权益乘数的合理性。因为当公司业绩不佳或市场经济环境不好时，增加过多的权益乘数会使公司的偿债压力更大。

通过学习以上 3 个财务指标，我们认识到杜邦分析既涉及企业获利能力的指标，还涉及企业偿债能力的指标，又涉及企业营运能力的指标，可以说杜邦分析法算是一个比较全面、综合的财务分析方法。在电子沙盘模拟中，每个小组都可以通过不同年份的杜邦分析图来进行分析，进而找出企业经营中存在的问题。

【举例】

根据图 4.4~图 4.5，A05 小组企业第二至三年的经营业绩，找出影响利润的因素，并提出改进措施。

图 4.4　A05 小组第二年杜邦分析核心指标

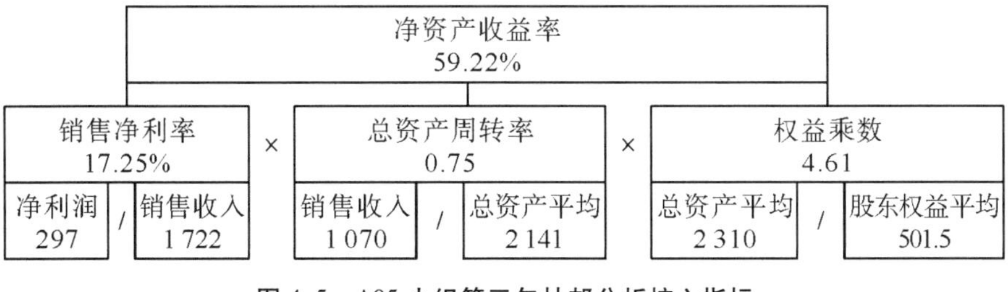

图 4.5　A05 小组第三年杜邦分析核心指标

根据图4.4~图4.5，A05小组第三年的净资产收益率远远大于第二年的净资产收益率，这主要原因是销售净利率和总资产周转率的提高，其中最关键还是销售净利率的提升。因此，这反映了A05在第三年的订单情况和产能情况均有所改善。尽管第三年的总资产周转率也高于第二年，但相差不是很多。所以对于后续几年，A05若想要提升净资产收益率，可以主要从权益乘数和总资产周转率两个角度来提升。如果通过增加权益乘数来提升净资产收益率的话，我们则主要采取增加贷款的方式，即加大杠杆；如果通过总资产周转率来提升净资产收益率的话，我们则主要采取增加销售额或者降低总资产的方式。增加销售额的具体表现形式是扩大市场份额，而降低总资产的具体表现形式是处理闲置资产，或者当资金有限时，我们可以通过租赁资产的方式来实现。

经典案例分享

【本章目标】

认识 ERP 沙盘案例，了解不同 ERP 沙盘策略。

掌握 ERP 沙盘的基本操作流程，树立 ERP 沙盘比赛竞争理念。

能够灵活运用战略规划、资金筹集方式、广告策略、竞单策略、交单策略等各种策略。

【本章内容】

① 了解 ERP 沙盘竞赛的举办情况

② 经典策略

③ 沙盘战术经验分享

理论学得再深入，也要通过实践才知道如何。若想在实践中快速掌握 ERP 的精髓，需要多看案例以及分析别人是怎么做的。那别人的经验能为我们所用吗？哪些经验可以复制，哪些则不可以直接复制呢？

即便对 ERP 企业经营模拟沙盘实训课程的理论滚瓜烂熟，若不结合实践操作，在实训中依然会遇到不少问题。所以，ERP 企业经营沙盘课程一定要重视实践操作。因为每一轮实训，都会出现不同的问题、不同的收获，以及不同的新鲜感和不同的冲击感。另外，ERP 沙盘课程具有很强的竞争性、互动性、趣味性，相比传统的理论课程，更能激发学生的学习兴趣。

5.1 了解 ERP 沙盘竞赛举办情况

由新道科技股份公司举办的沙盘大赛每年都吸引了广大学生和老师们的关注，从仅有十几支队伍参赛的第一届，到 2023 年已举办了十九届，全国累计有上千所院校参赛。

从 2022 年开始，该比赛新增加了人工智能技术以及绿色环保的概念，大赛的名字就改为"全国大学生数智化企业经营沙盘大赛"。该比赛的决赛现场有一百多支队伍同场竞技，现场竞争相当激烈，同时它也是目前国内影响力较大的院校活动之一。

从 2002 年起，用友网络科技股份有限公司（以下简称"用友网络"）实施"ERP 人才工程"战略，与高校联手进行复合型、实践型人才的培养。2021 年起，随着大数据、人工智能、算力模型的兴起，用友网络下的子公司新道科技股份对商战沙盘进行改版升级，在原有的基础上增加了人工智能、人力资源子模块、碳中和等，并把大赛的名字从原来的"全国大学生沙盘模拟大赛"改为"全国大学生数智化企业经营沙盘大赛"。近年来，用友网络在高校推广"体验式教学"课程，即"ERP 沙盘模拟对抗"课程，取得了良好的效果，并在高校中引起强烈反响，为高校培养高素质的 ERP 管理人才提供了新的思路。该大赛在学校所列竞赛项目中的名称为"全国大学生创业设计暨沙盘模拟经营大赛"，该大赛从 2005 年开始已经举办了 19 届，由中国商业联合会主办，并由新道科技股份有限公司与全国合作高校联合发起。该比赛得到高等学校国家级实验教学示范中心支持，旨在培养创新型复合型应用人才。该比赛开赛至 2023 年，已有超 2 700 所院校参加比赛，有近 5 万支参赛队伍参加，超过 20 万名学生参赛，近万名教师参与。截至 2023 年年底，大赛覆盖了全国 96% 本科院校、76% 的高职院校，涉及工商管理、市场营销、人力资源管理、国际贸易、金融、会计、计算机等专业的学生，成为中国经管专业规模庞大、影响力深远的赛事之一。

该比赛在 2023 年 5 月开始报名，各个地区都在组织省级赛事，2023 年的总决赛在郑州大学举办。其中，第十九届四川省大学生数智化企业经营沙盘大赛由四川省教育厅主办，西华大学承办。

比赛采用"S+Cloud 认知实践教学平台——数智企业经营管理沙盘"（以下简称"数智沙盘"）作为竞赛平台。"数智沙盘"将每个参赛队作为一个数智化企业，每个团队分设营销总监、生产总监、财务总监、人力总监 4 个岗位。各团队接手一个创业模拟企业，在仿真的竞争市场环境中，通过分岗位角色扮演，连续从事 4 个年度的模拟企业创业管理活动。每年度经营时间为 100～120 分钟，比赛总计时间为 400～480 分钟。参赛队根据经营规则，在规定时间内，通过企业采购、研发、生产、销售、计划、财务核算、筹资与投资管理、人员招聘及培育等各方面的运作流程，完成企业模拟经营。

四川省 ERP 沙盘大赛的竞赛方式如下：

大赛面向院校所有专业开放，分为新工科组和新文科组两个组别，两个组别独立竞赛、单独排名。大赛分为校内赛（选拔赛）、省复赛（突围赛）和省决赛（排位赛）、全国总决赛四个环节。省级复赛（突围赛）、省级决赛（排位赛）由四川省大学生数智化企业沙盘模拟经营大赛组委会组织实施大赛各项工作（组委会执行处设在西华大学）。

①校内赛（选拔赛）：由各高校自行组织进行选拔，根据校内赛规模（推荐省复赛参赛队伍数为校内赛队伍总数的 20%），每个学校最终选拔出不超过 6 支队伍参加省复赛（新文科组不超过 4 支队伍，新工科组不超过 2 支队伍。若未进行校内赛选拔，则新文科组不超过 2 支队伍，新工科组不超过 1 支队伍。新工科组可允许每组最多有 1 名新

文科专业学生）。各院校对校内赛中表现优秀的团队可以进行奖励，奖励标准及奖励方式由各院校自行确定、自行负责。

②省复赛（突围赛）：由大赛组委会组织线上沙盘模拟经营突围赛，并组织相关大赛裁判对各高校参赛队伍竞赛情况进行监督，最终选择每个区排名前60%的队伍进入省总决赛，该阶段参赛院校需自行准备符合条件的设备和网络。

③省决赛（排位赛）：进入省级决赛的队伍参加线下沙盘模拟经营排位赛，最终组委会根据各区参赛队伍比赛成绩决出一、二、三等奖。

④全国总决赛：该阶段赛事为2023年最新发布的《2023全国普通高校大学生竞赛分析报告》竞赛目录上榜学科竞赛，排位序号为74，榜单名称为"全国高等院校数智化企业经营沙盘大赛"。根据省决赛竞赛情况，最终4支参赛队伍晋级参加线下竞赛，与全国优秀队伍同台竞技。

全国大学生数智化企业经营沙盘大赛为当代大学生搭建了第二课堂学科竞赛平台。企业联合政府、高校，激发学生的学习热情和竞争意识，锻炼学生的全局观念和规划能力，从而加快推动高校实用型人才的培养进程。该赛事在普及ERP基本知识、推广沙盘模拟教学方面起到了巨大作用，为各行各业培养ERP应用人才创造了良好环境，同时也为学生个人的职业发展创造了良好的机会。沙盘大赛已成为当代经管类专业大学生、职业院校学生中，规模庞大、影响力深远的赛事之一。

5.2 经营策略分享

经营战略是经营企业过程中最重要的一个环节。因此，如何制定经营战略就显得尤为重要。当刚成立一家企业时，我们就要考虑经营什么、如何经营、如何才能不破产、如何才能获得正利润、如何才能获取更多利润的问题。这些是公司决策层首要考虑的问题。很多同学在最开始进行实操的过程中，都容易在公司开始时就犯下致命的错误，如资金短缺，仍要建很多条生产线等。这些错误可能导致在后续经营过程中，尽管有些同学绞尽脑汁，也无法帮助企业走出困境。在ERP沙盘比赛中，决定排名高低的关键因素主要是每支队伍最终的所有者权益。

5.2.1 所有者权益的增加途径

在ERP沙盘比赛中，所有者权益是很重要的因素，所以我们有必要知道所有者权益增加的途径有哪些。首先，明确所有者权益包括实收资本和留存收益，其中在ERP实战中，留存收益就是上一年留存收益与本年的未分配利润之和，由于没有股利分配，所以本年的未分配利润就等于本年的净利润。由于实收资本是不变的，所以增加所有者权益的核心在于提升每一年的净利润。

增加净利润的方法主要有两种：一种是开源，另一种则是节流。

第一，开源的实质就是要想办法提升销售额。那如何才能有更高的销售额呢？我们可以从产品的供给和需求两方面来解决。在供给方面，我们要根据自己的资金情况，扩大厂房，增加生产线，提高生产能力，以及准备好产品研发，资格认证等；在需求方面，我们做好广告投放策略，分析市场竞争情况，适时进行市场开拓，了解抢单规则，争取尽可能多的订单。

第二，节流的实质就是要节省成本和费用。也就是说，可以用1万元去解决的问题就一定不能用2万元去解决。在ERP比赛中，降低成本的主要方式就是把产能控制好，尽量不采用紧急采购策略，避免出现原材料闲置过多的情况；降低的费用主要方式有降低贴现费用、折旧费用、维修费用、广告费用、违约费用、利息费用以及研发费用。

开源节流的道理大部分人都懂，但是开源和节流有时是相互矛盾的，因此，需要平衡考量二者。以广告投入为例，如果广告投入较少，那么拿到的订单就会较少，此时我们的生产规模若又是比较大的，就会产生有很多库存，而高库存又会占用很多资金。同时，生产线的折旧费和维修费每年都会产生，以及每个季度也会产生管理费用等固定开支，所以此时就很可能出现现金流断流的情况。另外，这种也不利于后续开发。财务在核算成本的同时也要多核算一下投入产出比。例如，如果多投10万元的广告，可以多拿一个产品订单，增加的毛利如果不能大于10万元，那就一定不值得。因为我们还有很多固定成本，所以这时我们可以结合本量利分析，再做决策。

在ERP沙盘实践中，所有者权益从第一年至第六年一般呈现先下降后上升的趋势。有些策略在前三年会使得所有者权益下降得很快，导致后几年企业出现融资困难。企业一旦的现金流出现问题，就很容易破产。还有些策略使得前三年所有者权益下降得比较缓慢，在后三年也是比较缓慢地上涨，采用这种策略可能排名比较靠后，但能保证不破产。这样的策略属于比较稳健的策略。另外，比较好的策略状态就是在前三年所有者权益缓慢下降，在后三年所有者权益飞速增长，这样就会使得所有者权益增加比较多，同时最终排名也就比较高。就这种策略具体而言，基本要第一年尽量少亏损，第二年尽量盈利，第三年尽量增加盈利，后面几年扩大生产规模并加快提升盈利速度。要做到这一点，就需要团队紧密结合市场预测情况，密切关注竞争对手，并进行策略分析，从而选择最优策略。

5.2.2　权重系数增加途径

在ERP沙盘模拟比赛中，系统有个自动评分成绩，而这个总成绩=当年所有者权益×权重系数，而权重系数=（1+企业综合发展潜力/100）。其中，企业综合发展潜力=市场资格分值+ISO资格分值+生产资格分值+厂房分值+各条生产线分值（生产线建成包括转产即加分，无须生产出产品，也无须有在产品）。当所有者权益相同时，我们就需要增加权重系数，而要想增加权重系数，就需要提高企业综合发展潜力。下面，我们主要从市场资格、ISO资格、生产资格、厂房、生产线来阐述。

（1）市场资格

企业想要从哪个市场拿订单，就需要开发该市场。市场的类型主要有：本地市场、区域市场、国内市场、亚洲市场、国际市场。而开发本地市场对应获得的分值为7，开发区域市场对应获得的分值为7，开发国内市场对应获得的分值为8，开发亚洲市场对应获得的分值为9，开发国际市场对应获得的分值为10。所以，想要提高权重系数，就需要多开发几个市场。

（2）ISO 资格

ERP 沙盘实际操作中，第三年以后的选单里有很多订单都需要 ISO 资格认证，如果没有开发 ISO 资格认证，则不能获得具有 ISO 资格认证的订单。同时，开发 ISO 资格认证，也是能增加权重系数的。在系统规则中，ISO 资格认证主要包括 ISO 9000 和 ISO 14000。而研发 ISO 9000 资格获得的分值为 8，研发 ISO 14000 资格获得的分值为 10。所以，从权重系数考虑，有必要适时获取 ISO 资格认证。

（3）生产资格

企业想要生产每种产品，都需要获得这种产品的生产资格。获得 P1 产品的生产资格的分值为 7，获得 P2 产品的生产资格的分值为 8，获得 P3 产品的生产资格的分值为 9，获得 P4 产品的生产资格的分值为 10。所以，想要通过获得生产资格来提升权重系数，企业就尽量考虑产品组合策略，而不是单一的产品策略。

（4）厂房

厂房的种类主要有大厂房、中厂房、小厂房。其中大厂房的分值为 10，中厂房的分值为 8，小厂房的分位为 7。想要获得这个分值，都必须要购买厂房。如果厂房是租赁的，这项就没有得分。

（5）生产线

生产线的种类主要有超级手工、自动线、柔性线、租赁线。其中超级手工和租赁线的分值为 0，自动线的分值为 8，柔性线的分值为 10。所以，想要通过生产线来提高权重系数，就得要考虑自动线或者柔性线。

5.2.3 经典策略

对于初学者而言，ERP 沙盘可能是难的，而这个难点就在于参赛者不知道什么样的策略让自己生存下来，所以我们有必要了解几种经典的策略。下面以"新道新商战沙盘系统 V5.0 本科教学规则二"为例进行讲解。企业初始资金统一为 600 万元。（以下操作步骤只做一般性参考）

（1）单一产品策略

①P1 产品

第一，总体策略：

租 2 间大厂房，花费 80 万元，购买 8 条超级手工线花费 35×8＝280（万元），第二季度买 4 个 R1 原材料花费 40 万元×3 Q，维修费为 5×4×2＝40（万元），管理费为 40 万元，P1 研发费为 20 万元，ISO 9000 20 万元，本地和区域 20 万元，广告费在本地和区域市场上各投入 30 万元，第二年后固定开支为：租金 80 万元，折旧 80 万元，维修费 40 万元，管理费 40 万元。

5

经典案例分享

第二，具体操作步骤如下：

ERP模拟仿真实训

＊第一年

年初借入长期借款0元。

第一季度：研发P1花费10万元，行政管理费花费10万元，现金余额为580万元。

第二季度：订购原材料4个R1，研发P1花费10万元，行政管理费花费10万元，现金余额为560万元。

第三季度：租一个大厂房花费40万元，原材料入库花费40万元，订购原材料4个R1，新建4条超级手工线花费140万元，开始下一批生产P1，行政管理费花费10万元，现金余额为330万元。

第四季度：借入短期贷款169万，租一个大厂房花费40万元，原材料入库花费40万元，订购原材料4个R1，新建4条超级手工线花费140万元，开始下一批生产P1，开始下一批生产P2花费40万元，行政管理费花费10万元，开拓本地和区域市场花费20万元，获取ISO 9000资格认证花费10万元，维修费花费20万元，现金余额为179万元，所有者权益为290万元。

＊第二年

年初本地P1投入30万元，区域P1投入30万元，尽量争取到16个产品的订单，扣除长贷利息0元，现金余额为119万元。

第一季度：原材料入库花费40万元，订购原材料4个R1，开始下一批生产P2花费40万元，开始下一批生产P1，行政管理费花费10万元，完成订单4个，总销售额为4×50＝200（万元），现金余额为229万元。

第二季度：原材料入库花费40万元，订购原材料4个R1，开始下一批生产P1，开始下一批生产P2花费40万元，行政管理费花费10万元，完成订单4个，总销售额为4×50＝200（万元），现金余额为339万元。

第三季度：原材料入库花费40万元，订购原材料4个R1，开始下一批生产P2花费40万元，开始下一批生产P1，租金花费40万元，行政管理费花费10万元，完成订单4个，总销售额为4×50＝200（万元），现金余额为409万元。

第四季度：原材料入库花费40万元，订购原材料4个R1，开始下一批生产P1，开始下一批生产P2花费40万元，租金花费40万元，行政管理费花费10万元，获取ISO 9000资格认证花费10万元，维修费花费40万元，折旧费花费80万元，完成订单4个，总销售额为4×50＝200（万元），还短期贷款本金和利息为177万元，现金余额为172万元，所有者权益为452万元。

＊第三年

年初本地 P1 投入 30 万元，区域 P1 投入 30 万元，尽量争取 16 个产品的订单，扣除长贷利息 0 元，现金余额为 112 万元。

第一季度：原材料入库花费 40 万元，订购原材料 4 个 R1，始下一批 2 生产花费 40 万元，开始下一批 P1 生产，行政管理费花费 10 万元，完成订单 4 个，总销售额为 4×50 = 200（万元），现金余额为 222 万元。

第二季度：原材料入库花费 40 万元，订购原材料 4 个 R1，开始下一批 P1 生产，开始下一批 P2 生产花费 40 万元，行政管理费花费 10 万元，完成订单 4 个，总销售额为 4×50 = 200（万元），现金余额为 332 万元。

第三季度：原材料入库花费 40 万元，订购原材料 4 个 R1，开始下一批 P2 生产花费 40 万元，开始下一批 P1 生产，租金花费 40 万元，行政管理费花费 10 万元，完成订单 4 个，总销售额为 4×50 = 200（万元），现金余额为 402 万元。

第四季度：原材料入库花费 40 万元，订购原材料 4 个 R1，开始下一批 P1 生产，开始下一批生产 P2 花费 40 万元，租金花费 40 万元，行政管理费花费 10 万元，维修费花费 40 万元，折旧费花费 80 万元，完成订单 4 个，总销售额为 4×50 = 200（万元），现金余额为 352 万元，所有者权益为 624 万元。

＊第四年

年初本地 P1 投入 30 万元，区域 P1 投入 30 万元，尽量争取 16 个产品的订单，扣除长贷利息 0 元，现金余额为 292 万元。

第一季度：原材料入库花费 40 万元，订购原材料 4 个 R1，开始下一批 P2 生产花费 40 万元，开始下一批生产 P1，行政管理费花费 10 万元，完成订单 4 个，总销售额为 4×50 = 200（万元），现金余额为 402 万元。

第二季度：原材料入库花费 40 万元，订购原材料 4 个 R1，开始下一批 P1 生产，开始下一批 P2 生产花费 40 万元，行政管理费花费 10 万元，完成订单 4 个，总销售额为 4×50 = 200（万元），现金余额为 512 万元。

第三季度：原材料入库花费 40 万元，订购原材料 4 个 R1，开始下一批 P2 生产花费 40 万元，开始下一批 P1 生产，租金花费 40 万元，行政管理费花费 10 万元，完成订单 4 个，总销售额为 4×50 = 200（万元），现金余额为 582 万元。

第四季度：原材料入库花费 40 万元，订购原材料 4 个 R1，开始下一批 P1 生产，开始下一批 P2 生产花费 40 万元，租金花费 40 万元，行政管理费花费 10 万元，维修费花费 40 万元，折旧费花费 80 万元，完成订单 4 个，总销售额为 4×50 = 200（万元），现金余额为 532 万元，所有者权益为 796 万元。

后面就以此类推就可以做下去，以上介绍的是一种"不破产"的策略。另外，想要最终分值高一点，可以在第四年初考虑弄两条 P3 和 P4 的生产线，此时采用长期贷款，并使用完剩余的贷款额度。

第三，该策略的优劣势：

优势：研发费用投入较低，仅为 20 万元，这种策略能够有效控制住综合费用，进而使得利润、所有者权益能够保持在一个较高的水平，这样对于后期的发展非常有利。

这种方式在大部分组不做 P1 产品时，是一个很稳妥的方案，基本能保证自己不破产。

劣势：这个策略的优势相对明显，但也存在一定的劣势。使用该策略的团队可以在前期建立很大的优势，但在后期通常容易不知不觉地被超越，尤其在排名分数上会相对落后。原因有两个：一是该策略在后期扩大产能时缺乏竞争力；二是当团队用此种策略建立起前期优势后，难免有些心理上的松懈。但赛场如战场，战争形式可能一日数变，如果缺乏足够的细心和耐心处理对手的信息，被对手在细节处超越的可能性也是很大的。

②P2 产品

第一，总体策略：

租 2 间小厂房花费 36 万元，买 4 条自动线 150×4＝600（万元），第三季度订购 4 个 R3，第四季度买 4 个 R2，P2 研发费花费 30 万元，获取 ISO 9000 认证花费 20 万元，开拓本地、区域和国内市场花费 40 万元，第二年在本地和区域市场上各投入广告费 30 万元。

第二，具体操作步骤如下：

＊第一年

年初借入长期借款 0 元。

第一季度：研发 P2 花费 10 万元，行政管理费花费 10 万元，现金余额为 580 万元。

第二季度：租 2 个小厂房花费 36 万元，新建 4 条自动线花费 200 万元，研发 P2 花费 10 万元，行政管理费花费 10 万元，现金余额为 324 万元。

第三季度：借入短期贷款 209 万元，订购原材料 4 个 R3，推进 4 条自动线花费 200 万元，研发 P2 花费 10 万元，行政管理费花费 10 万元，现金余额为 313 万元。

第四季度：借入短期贷款 209 万元，订购原材料 4 个 R3 和 4 个 R2，推进 4 条自动线花费 200 万元，行政管理费花费 10 万元，开拓本地和区域和国内市场花费 30 万元，获取 ISO 9000 资格认证花费 10 万元，现金余额为 272 万元，所有者权益为 414 万元。

＊第二年

年初本地 P1 投入 10 万元，区域 P1 投入 30 万元，尽量争取 12 个产品的订单，扣除长贷利息 0 元，现金余额为 232 万元。

第一季度：原材料 R3 和 R2 入库花费 80 万元，订购原材料 4 个 R3 和 4 个 R2，开始下一批生产花费 40 万元，行政管理费花费 10 万元，现金余额为 102 万元。

第二季度：借入短期贷款 209 万元，原材料 R3 和 R2 入库花费 80 万元，订购原材料 4 个 R3 和 4 个 R2，开始下一批生产花费 40 万元，租金花费 36 万元，行政管理费花费 10 万元，完成订单 4 个，总销售额为 4×70＝280（万元），现金余额为 425 万元。

第三季度：原材料 R3 和 R2 入库花费 80 万元，订购原材料 4 个 R3 和 4 个 R2，开始下一批生产花费 40 万元，行政管理费花费 10 万元，完成 4 张订单，总销售额为 4×70＝280（万元），还短期贷款本金和利息为 219 万元，现金余额为 356 万元。

第三，该策略的优劣势：

优势：研发费用比 P3 额度低，仅为 30 万元，同时销售额较高，进而使得利润、所有者权益能够保持在一个较高的水平，这样对于企业后期的发展非常有利，这种方式在有一半以下不做 P2 产品时，是一个很稳妥的方案，基本能保证自己不破产，排名还能在中间位置。

劣势：容易被做 P3 策略的小组超越，抢占"市场老大"位置，在排名上很难拔得头筹。

③P3 产品

第一，总体策略：

租两个小厂房 36 万元，买 4 条自动线 150×4＝600 万元，第三季度订购 4 个 R3 和 4 个 R4，第四季度买 4R1、4R3 和 R4 原材料，P1 研发费花费 40 万元，获取 ISO 9000 认证花费 20 万元和 ISO 14000 40 万元，开拓本地、区域和国内市场花费 40 万元，第二年广告费在本地和区域市场上各投入 30 万元。

第二，具体操作步骤如下：

*第二年

年初本地 P1 投入 10 万元，区域 P1 投入 30 万元，尽量争取 12 个产品的订单，扣除长贷利息 0 元，现金余额为 202 万元。

第一季度：原材料 R3、R4 和 R1 入库花费 120 万元，订购原材料 R3、R4 和 R1 各 4 个，开始下一批生产花费 40 万元，行政管理费花费 10 万元，现金余额为 32 万元。

第二季度：借入短期贷款 209 万元，原材料 R3、R4 和 R1 入库花费 120 万元，订购原材料 R3、R4 和 R1 各 4 个，开始下一批生产花费 40 万元，租金花费 36 万元，行政管理费花费 10 万元，完成 4 个订单，总销售额为 $4 \times 70 = 280$（万元），现金余额为 338 万元。

第三季度：原材料 R3 和 R4 入库花费 80 万元，订购原材料 R3、R4 和 R1 各 4 个，开始下一批生产花费 40 万元，行政管理费花费 10 万元，完成 4 张订单，总销售额为 $4 \times 80 = 320$（万元），偿还短期贷款本金和利息为 219 万元，现金余额为 136 万元。

第四季度：借入短期贷款 209 万元，原材料 R3、R4 和 R1 入库花费 120 万元，订购原材料 R3、R4 和 R1 各 4 个，开始下一批生产花费 40 万元，ISO 9000 资格认证花费 10 万元，行政管理费花费 10 万元，维修费花费 80 万元，折旧费花费 0 元，完成 4 张订单，总销售额为 $4 \times 80 = 320$（万元），还短期贷款本金和利息为 219 万元，现金余额为 186 万元，所有者权益为 518 万元。

*第三年

年初本地 P1 投入 30 万元，区域 P1 投入 30 万元，尽量争取 16 个产品的订单，扣除长贷利息 0 元，此时如果尽量扩大规模，然后把长贷额度贷完，这样在后续几年总利润会超过 P2 的。

第三，该策略的优劣势：

优势：销售额较高，进而使得利润、所有者权益能够保持在一个较高的水平，这样对于企业后期的发展非常有利，这种方式在有一半以下团队不做 P3 产品时，是一个很稳妥的方案，基本能保证自己不破产，排名还能在靠前位置。

劣势：企业的现金流和采购计划以及产能没有做好的话，容易破产。

注意：不建议单独做 P4，因为 P4 产品属于成本投入大，利润高的项目。由于企业前期的资金紧张，稍有不慎就容易破产。

（2）组合产品策略

①P1 和 P2 组合策略

第一，总体策略：

以初始资金 600 万元为例，初始长贷 600 万元，研发 P1 和 P2 产品，购买一个小厂房和一个大厂房，新建 1 条 P2 自动线，新建 1 条 P1 自动线，新建 1 条 P1 超级手工生产线，开拓本地、区域、国内、亚洲市场，获取 ISO 9000 资格认证。

第二，具体策略如下：

＊第一年

年初借 600 万元长期借款。

第一季度：研发 P1 花费 10 万元，行政管理费花费 10 万元，现金余额为 1 180 万元。

第二季度：购买一间小厂房花费 180 万元，订购原材料 4 个 R1，新建 1 条 P1 自动生产线和 1 条 P2 自动生产线花费 100 万元，研发 P2 和 P1 花费 20 万元，行政管理费花费 10 万元，现金余额为 870 万元。

第三季度：购买一间大厂房花费 400 万元，原材料 4 个 R1 入库花费 40 万元，订购原材料 4 个 R3，新建 4 条 P1 超级手工生产线花费 140 万元，推动自动生产线花费 100 万元，开始下一批生产花费 40 万元，研发 P2 花费 10 万元，行政管理费花费 10 万元，现金余额为 130 万元。

第四季度：借入短期贷款 200 万元，订购原材料 2 个 R1、4 个 R2 和 1 个 R3，推动自动生产线花费 100 万元，研发 P2 花费 10 万元，行政管理费花费 10 万元，开拓本地、区域、国内、亚洲四个市场花费 40 万元，ISO 9000 资格认证花费 10 万元，维修费花费 20 万元，现金余额为 140 万元，所有者权益为 440 万元。

＊第二年

年初本地 P1 投入 15 万元，P2 投入 10 万元，区域 P1 投入 14 万元，P2 投入 11 万元，扣除长贷利息 60 万元，借入长期贷款 200 万元。

第一季度：原材料 2 个 R1、4 个 R2、4 个 R3 入库，花费 100 万元，订购原材料 1 个 R1、1 个 R2 和 6 个 R3，生产 2 个 P1 和 4 个 P2 花费 60 万元，行政管理费花费 10 万元，现金余额为 60 万元。其余季度省略。

第四季度：开拓国内、亚洲、国际市场，进行 ISO 9000 和 ISO 14000 资格认证。

＊第三年

贷款可全部贷出，参加订货会和竞单会，然后进行下一步的发展。在订单选择上应多选择小订单，最优搭配是每季产出就能卖出，其余细节就不阐述了。

第三，该策略的优劣势：

优势：该策略的研发费用较低，仅为 50 万元，能够有效控制住综合费用，进而使得利润、所有者权益能够保持在一个较高的水平，这样对于企业后期的发展非常有利。根据经验，第一年的所有者权益控制在 440 万元为佳，第二年企业实现盈利后，所有者权益会上升至 570 万元以上，用此策略可在第三年将生产线扩建成 10 条，这是迄今为止扩大产能速度最快的一种策略。当然，即使环境恶劣（比如遇到强劲的对手），到第二年你一个产品都没卖出去，收不到任何的现金，在这一年你也可以经营下去，而且可以轻松进入下一年。如果要迅速扩张，以产能来挤压竞争对手的生存空间，这条策略无疑是最优的。

劣势：这条策略的优势较明显，但劣势不明显，使用该策略的小组可以在前期建立很大的优势，但在后期通常不知不觉地被其他小组超越，这种情况无论是在省级比赛还是在国家级比赛上都很多。原因有两个：一是该策略在后期缺乏竞争力，当大家都扩建到 10 条生产线的时候，P1、P2 的利润显然不如 P3、P4，被所有者权益相差 200 万元以内的对手反超不足为奇；二是当学生用此策略建立起前期优势后，难免有些心理上的松懈，但赛场如战场，战争形式可能一日数变，如果缺乏足够的细心和耐心处理对手的信息，被对手在细节处超越的可能性是很大的。

第四，使用环境：

该策略主要用在初学者的比赛中，当对手大多采用 P3 和 P4 策略时也可使用。

②P2 和 P3 组合策略

第一，总体策略：

P2 和 P3 组合策略可谓攻守兼备，推荐选择 4 条超级手工生产线，P2、P3 各有 1 条自动生产线。

第二，具体策略如下：

建议把 P3 的生产线设置在第二年一季度刚建好，能够使用，这样才能最大限度地做到控制现金流。如果是自动线，就建议在第一年二季度开始建自动线，如果是超级手工生产线的话，就可以在需要的那个季度购买就行。

建议第一年的 1 条自动线和 4 条超级手工线生产 P2，第二年二季度 4 条超级手工线可以根据需要考虑转产。这里主要注意现金流一定要控制好，也一定要考虑生产线和研发的匹配度。

第一年市场可以考虑不全部开拓，因为产品的多元化能够起到分散销售产能的作用，亚洲和国际市场可不开拓，第一年也可考虑在本地、区域市场中选择一个。在 ISO 认证方面，可以先只认证 ISO 9000。因为到第三年市场会出现很多 ISO 9000 标识的订单，所以需要先获取 ISO 9000 认证。

如果第二年只有本地或区域一个市场，则可以考虑提高主打产品的广告费投入，广告费预算尽量控制在 40 万元。这主要是因为市场不多，选择少，各组又都想要拿到订单，所以可以从提高广告费投入的角度争取订单。

第三，该策略的优劣势：

优势：该策略的优势在于学习者可以在比赛全程获得产品上的优势。P2 的毛利比较稳定，可以达到 40 万元，而 P3 的毛利则接近 50 万元，差距不是很大，这时我们可以根据各年份各市场的产品毛利情况，有选择地以 P2 为主，以 P3 为辅，或者以 P3 为主打，以 P2 为辅，4 条超级手工线极大地提升了转产其他产品的机动性。综合来看，这个策略的优势是全程保持较高的利润，无论战况如何使用这种策略的团队都能处于一个有利的位置。

劣势：使用该策略想要获得前三名，还是有一定难度的。虽然该策略可以使经营处于一种稳定的状态，但想要竞争前三名，可能需要后期扩张，多开几条 P4 的生产线。

第四，使用环境：

当所有产品中的对手分布比较均衡，或者 P1、P4 市场过于拥挤时，可以使用此策略。

③P2 和 P4 组合策略

第一，总体策略：

第一年需要长期借款 604 万元，建 4 条超级手工自动线和 2 条自动线，第一年市场开 3 个，获取 ISO 9000 资格认证。

第二，具体策略如下：

第一年长期借款 604 万元，建超级手工生产线和全自动生产线。可以 P2 产品考虑在第二季度研发，然后在第四季度完成投资；可考虑在第一季度研发 P4，下一年第一季度完成投资。

第一年市场可以考虑开 3~4 个，获得 ISO 资格认证，另外尽量保持所有者权益不要下降得太快了。

第二年长期贷款可以多贷一些。

第二年资金会比较紧张，应尽可能将每季度产品及时卖出。

第三，该策略的优劣势：

优势：前期在 P4 产品订单数量不够时，可以将一定的产能分散到 P2 产品的市场上，以保证第二年的盈利，这样就可以解决纯 P4 产品的长贷利息问题。第二年的利润由此可以大大提升，以便提高扩建生产线的速度。此外，P2 产品和 P4 产品的搭配对于夺得"市场老大"地位也是很有帮助的，两个产品进攻一个市场，对手一般很难抗衡。

劣势：前期研发费用有 80 万元，费用比较高，而且生产这两种产品的生产成本很高，资金流转速度太慢，需要较高的控制水平。

第四，使用环境：

如果该小组成员能够把握好现金流的预算和控制，这个策略是比较适合的，而且还有可能争得比赛第一。

5.3 沙盘战术经验分享

企业 ERP 沙盘比赛有竞争、有对抗、有挑战，当对手不同、规则不同、市场环境不同，战术也要改变；但不管怎么变，其中都有一些技巧和规律。在实际操作中，无论是学生还是老师，都积累了很多宝贵的竞赛技巧和比赛战术。下面本节将沙盘运营流程中所涉及的一些技巧与战术进行分析、归纳。

5.3.1 战略规划

在 ERP 沙盘实操中，不破产的小组和排名靠前的小组，在很大程度上都与企业战略规划密切相关。从某一程度上讲，规划就是要让自己团队的成员知道企业生产的是什么，如何计划，资金情况如何，市场订单获取如何，以及什么时候做，做和不做对企业有什么影响。其实在实际操作中，沙盘的第一个流程就是新年度规划会议，即一个小组的战略规划会，大约为 20~30 分钟，也算是一个让团队成员都"心中有数"的决策会。但是，这个规划会议的比程在流程表中仅仅体现为一个格子，没有资金的流动和任何操作，所以很多初学者会认为新年度规划会议不重要，甚至忽视这个流程。然而一个 ERP 沙盘高手，一支真正成熟的、有竞争力的、有水平的队伍，往往会用 3/4 的比赛时间来进行年度规划。

在实际经济环境中，战略规划涉及的内容很多，但对于企业 ERP 沙盘而言，战略规划主要包括市场开发、产品研发、ISO 资格认证、生产线购买或出售、厂房赁或购买、产品生产计划、市场预测、融资等方面。战略规划从时间上划分，包括中长期规划和短期规划。中长期规划一般是指在 5 年以上的规划，短期规划一般为 1 年。沙盘企业的规划应当重视短期规划，即在每年年初进行的规划，中长期规划也不能忽视。

（1）市场开发规划

进行市场开发前，需要明白以下问题：一是企业为什么要进行市场开发？二是企业应当开发哪些市场？三是企业应当什么时候开发？四是企业应当开发多少市场？针对这四个问题，下面我们一一进行回答。

第一个问题：企业需要先开发某市场，然后在该市场针对该产品投放了广告，才能在系统上进行选单，才能有订单，从而才能在该市场销售产品，得到销售额，从而提高利润，进而提高企业的所有者权益。

第二个问题：企业应当结合战略规划来选择，如企业生产什么产品，该产品在市场需求量如何，企业对市场订单的预测情况如何，以及单位产品的毛利大概是多少，大致有多少竞争对手在该市场销售这个产品。结合以上信息，从而去选择对自己有利，同时投入产出比较大的市场。

第三个问题：由于第二年只开发本地和区域市场，所以在资金有限的情况下，第一年可以同时开发本地和区域市场，或者两者选其一。在第二年再逐渐开发其他市场。

第四个问题：开发多少市场以及哪些市场，在很大程度上取决于手上的资金有多少，以及企业自身的产能情况。

另外，企业在开发市场时应注意以下四点：

①要研究每个市场的特点。不同的市场在不同的年度，其产品需求量和价格是不一样的。因此，我们应当研究每个市场不同产品、不同年度的需求量和价格水平，并比较在相同年度相同产品在不同市场的情况。企业经过对比后，决定在哪一产品在哪一年度进入哪个市场，同时确定企业的重点市场以及市场开发的先后顺序。

②要预测竞争对手进入市场的情况。在 ERP 沙盘模拟操作过程中，随时都要进行竞争与对抗，尤其是在选单的时候。企业应当了解竞争对手的产品开发、市场开发情况，必要时可以使用间谍服务来了解。利用好这些信息，分析、预测竞争对手下一步开发的市场和竞争的重点市场，这样在市场开发中占有先机，就可以避开竞争激烈的市场。不过当企业的产品丰富、资金充裕、产能较大时，可以占领市场，争取"市场老大"的地位。

③要考虑本企业产品策略，确定企业的目标市场。不同产品在不同年份、不同市场上，其价格和需求量也是不一样的。在制定市场开发策略时，应考虑本企业的产品策略。比如，企业产品策略中重点产品是 P1 和 P4，若 P1 和 P4 的需求主要集中在本地和国内，在亚洲市场上的需求比较小。如果此时还选择先开发亚洲市场就可能会让企业出

现产品滞销的现象。所以，此时企业应当先不考虑亚洲市场，应重点关注本地市场和国内市场。

④要考虑本企业的资金状况。对于企业而言，市场自然是越多越好。但如果自身的资金有限，同时企业的产能规模又不大，此时再争取过多订单，就可能会出现紧急采购或者违约的情况，而这两种情况都可能会严重影响到企业的净利润，同时还会降低所有者权益，进而影响贷款额度。

总之，如果产品在一个市场上销售，则产品的销量会非常有限，如果所有企业将同类的产品都放在同一个市场销售，竞争就会非常激烈。因此，企业要提高产品销量，就必须拓宽产品的销售市场。但是，企业在开发市场时，市场开发并不是越多越好，在企业产品种类较多、产量较大的情况下，市场越多，产品销售渠道越多，产品就容易销售，但此时一定要结合融资规则，这样才有资金去支持市场开发计划。

（2）产品研发规划

根据图 5.1，产品研发规则主要涉及产品名称、开发费、开发时间三个因素的影响。从 P1 到 P4 产品研发费用是依次递增 10 万元，开发时间也是依次递增 1 个季度。所以，当企业的经营战略是低风险，低端产品路线时，那我们就应该选择 P1 和 P2，或者两者选其一；当企业的经营战略是中风险，稳定收益路线时，那我们就应该选 P2 和 P3 或者两者选其一；当企业的经营战略是高风险、高分数时，那我们就应该选 P3 和 P4 或者两者选其一。另外，一旦战略确定了，应优先考虑产品研发的周期，再结合生产线的周期决定产品研发的类型。

名称	开发费	开发时间	加工费	直接成本	分值	产品组成
P1	10W/季	2季	10W	20W	7	R1* 1
P2	10W/季	3季	10W	30W	8	R2* 1　R3* 1
P3	10W/季	4季	10W	40W	9	R1* 1　R3* 1　R4* 1
P4	10W/季	5季	10W	50W	10	P1* 1 R1* 1　R3* 1

图 5.1　产品研发规则

（3）ISO 资格认证规划

ISO 资格认证包括 ISO 9000 和 ISO 14000。企业只有获得 ISO 资格认证，才有资格参与有 ISO 资格认证要求产品订单的竞争，但 ISO 认证要求只是在市场部分产品限制。因此企业应结合市场开发策略和产品研发策略来决定是否获取 ISO 认证。

比如，企业重点关注为本地和区域市场，假如从市场预测表中可以知道，在这两个市场对 ISO 认证要求并不高，那么企业在资金紧张的时候就可以不开发该市场的 ISO 资格认证或者晚开发。因此在企业开发 ISO 资格认证时，重点考虑的因素是资金情况、重点市场、开发时间以及产品策略等。

（4）生产线规划

企业想要更多的所有者权益，就必须增加净利润，也就是必须提高销售额，就需要增加产品的销售数量，就需要生产更多的产品。生产效率要高，就需要考虑采用什么类型的生产线能达到更高的生产效率。

图 5.2 中可以看出，电子沙盘的生产线类型主要有四种，即超级手工、自动线、柔

性线、租赁线。每种生产线的安装周期、安装费、转产周期、转产费，以及其他费用均不相同。在进行生产线规划的时候，企业应该考虑要购买什么生产线、购买几条，以及什么时候购买等。下面我们主要从这三个问题来进行阐述。

名称	投资总额	每季投资额	安装周期	生产周期	总转产费用	转产周期	维修费	残值	折旧费	折旧时间	分值
超级手工	35W	35W	0季	2季	0W	0季	5W/年	5W	10W	3年	0
自动线	150W	50W	3季	1季	20W	1季	20W/年	30W	30W	4年	8
柔性线	200W	50W	4季	1季	0W	0季	20W/年	40W	40W	4年	10
租赁线	0W	0W	0季	1季	20W	1季	65W/年	-65W	0W	0年	0

图 5.2　生产线类型

第一个问题：企业应根据资金情况、产品的毛利情况、安装周期情况来选择采用什么生产线。比如，如果是生产 P3 和 P4，就不太适合采用超级手工线，因为 P3 和 P4 的研发费用等各种开支比较大，而超级手工线效率太低了。

第二个问题：企业应主要根据自己的产能规划以及贷款额度情况，来决定购买几条。在实际操作中，一般情况前两年的生产线大概为 4～8 条，4 年以后大概在 6～16 条。

第三个问题：企业应根据成本最低原则和产能计划来选择什么时候购买。比如，自动线的安装周期是 3 个季度，如果从少交 1 年维修费和 1 年的折旧费，那我们可以考虑在第一年二季度开始建生产线，这样自动线在第二第一季度初就建好可以生产了，这样第二年的折旧费就不用扣了。

另外，企业在进行生产规划时，应注意三点：一是企业资金的情况。这里的资金情况不仅是当前需要的资金情况，还要考虑后期资金需要投入的情况。二是产品开发完工的情况。企业在购买生产线时，应计算其完工时间，这个时间应与产品的研发、原材料采购到货的时间进行匹配。三是考虑产品是否要转产。如果企业没有打算转产，就选择自动线和柔性线。如果考虑转产，则要考虑转产的周期和转产费。

（5）厂房规划

在本科规则二电子沙盘中，厂房有大、中、小三种类型的厂房，有租赁和购买两种方式。具体实际操作中，该怎么选，取决于规模大小、资金情况、是否转产。比如，企业在第一年资金紧张的情况下，可以考虑租厂房，等到第二年或第三年的时候，就可以考虑租转买的方式。另外，两个小厂房的成本是 36 万元，一个大厂房的成本是 40 万元，所以如果不考虑场地的问题，则尽量选择两个小厂房，这样成本要低一些。

（6）产品生产规划

产品研发好了，生产线也建好了，就需要考虑如何把产品生产出来的问题。这就涉及什么时候生产产品和生产多少产品的问题。

第一个问题：生产产品的时间取决于预计拿单的时间、原材料预计入库的时间，以及生产线的生产周期。比如，P3 产品需要的原材料是 R1、R3、R4，其中 R1 的采购周期是 1 个季度，而 R3 和 R4 的采购周期是 2 个季度。在第一年第三季度采购 R3 和 R4，则在第二年第一季度才能使用原材料进行生产，同时如果是超级手工生产线，还要等到第三季度才能销售产品即交单。

第二个问题：生产产品的数量可能要根据市场订单预测以及广告费的投放来决定。比如预计广告费投入为 30 万元，获得 2 个订单，每张订单最多 4 个产品，则最多能拿到 8 个订单，那这一年生产量尽量控制在 8 个就好。

根据上面的讨论，产品生产规划主要生产总监来负责，那对生产总监来说，应当要注意以下三点：

①生产总监需要准确计算出各条生产线每个季度各产品的生产情况。这个需要在年初就要编制产品生产及采购计划，计算出每个季度完工产品和在制产品的数量。将完工产品的数量报给销售总监，以便销售总监制定科学合理的销售策略。

②生产总监需要准确计算出每个季度需要的加工费，并把费用细则发送给财务总监，以便财务总监安排好支出。

③操作人员要准确地适时调整和投产，以防发生差错而带来的经济损失。在更新生产和开始下一批生产时，生产总监应按照生产线或产品的顺序依次更新生产计划和开始下一批生产。

（7）市场订单规划

市场订单要结合市场预测表均价、需求量和选单参数来进行规划。

从图 5.3 和图 5.4 中可以看出：第二年国内、亚洲、国际都没有订单，而国际在第五年才有，这个跟国际市场的开发周期有关。经营之初，我们至少要知道自己要生产什么产品，而如何选择产品，毛利是很重要的一个因素。

市场预测表——均价							
序号	年份	产品	本地	区域	国内	亚洲	国际
1	第2年	P1	50.82	51.44	0	0	0
2	第2年	P2	71.52	68.05	0	0	0
3	第2年	P3	90.00	92.4	0	0	0
4	第2年	P4	101.11	112.38	0	0	0
5	第3年	P1	50.69	53.53	50.94	0	0
6	第3年	P2	71.65	72	71.70	0	0
7	第3年	P3	90.67	91.41	93.37	0	0
8	第3年	P4	115.50	106.22	103.30	0	0
9	第4年	P1	53.44	51.64	50.69	49.79	0
10	第4年	P2	73.40	71.11	72.45	71.81	0
11	第4年	P3	92.55	89.69	91.86	92.27	0
12	第4年	P4	106.10	105.75	104.11	107.27	0
13	第5年	P1	48.39	52.22	51.69	49.50	51.06
14	第5年	P2	73.00	74.25	71.65	70.00	68.19
15	第5年	P3	89.27	89.47	91.23	90.31	90.16
16	第5年	P4	121.11	119.78	124.17	124.41	130.73
17	第6年	P1	48.92	50.69	50.24	49.38	17.42
18	第6年	P2	72.35	70.67	72.46	70.83	74.47
19	第6年	P3	89.15	90.21	89.79	94.13	94.50
20	第6年	P4	107.57	105.5	109.64	105.62	0

图 5.3　市场预测表——价格

市场预测表——需求量							
序号	年份	产品	本地	区域	国内	亚洲	国际
1	第2年	P1	17	18	0	0	0
2	第2年	P2	25	22	0	0	0
3	第2年	P3	14	15	0	0	0
4	第2年	P4	18	13	0	0	0
5	第3年	P1	16	15	18	0	0
6	第3年	P2	17	15	23	0	0
7	第3年	P3	18	17	19	0	0
8	第3年	P4	14	9	23	0	0
9	第4年	P1	18	14	16	14	0
10	第4年	P2	10	27	20	21	0
11	第4年	P3	20	16	14	15	0
12	第4年	P4	21	16	8	15	0
13	第5年	P1	8	18	13	22	18
14	第5年	P2	8	15	17	13	16
15	第5年	P3	15	15	13	13	19
16	第5年	P4	18	9	12	17	15
17	第6年	P1	12	13	17	16	50
18	第6年	P2	23	18	26	18	15
19	第6年	P3	13	19	14	15	4
20	第6年	P4	23	14	11	21	0

图 5.4　市场预测表——需求量

我们从图5.3均价中可以看到，P1的单位产品毛利在30万元左右，但P1的第六年国际市场的毛利却是负值。这说明如果做P1产品的话，国际市场是没有必要开发的。P2的单位产品毛利在每年在40万元左右，这说明如果选择做P2产品，应当均衡市场。P3的单位产品毛利每年在50万元左右，这说明如果选择做P3产品的话，应当均衡市场。P4产品毛利每年的变化还挺大的，比如第二、三、四、六年的单位产品毛利大致为55万元，而第五年的单位产品毛利大致为70万元，这说明P4产品在第三年去规划可能会更好些。另外，生产什么产品跟市场的需求还有很大关系，因为如果都没有市场需求就意味着无法获得市场订单。

我们从图5.4需求中可以看出，P1的产品主要集中在本地市场、区域市场、国内市场，所以在没有很多预算的情况下，就只开发这几个市场就可以了；P2的产品需求量在国内市场是最高的，而由于第二年只有本地市场和区域市场，国际市场的需求量也低，所以建议P2主要以本地市场、区域市场和国内市场为主，亚洲市场为辅，国际市场可以不考虑；P3的产品需求量在本地市场和国内市场上是很高的，在国际市场上总的需求量也低，所以建议P3主要开发本地市场、区域市场、国内市场和亚洲市场；P4的产品需求量第六年在国际市场上的需求为0，而第五年国际市场上毛利最高，需求量适中。像这种情况，要结合P4在国际市场上的投入产出比来决定，这个产品适不适合做。

选定好市场和产品后，企业再根据自身的产能和广告费投入情况来决定自己的订单数量。而这些决定好了，实际选单时还是可能没有选到跟自己目标一致的订单量。主要原因是在选单时，团队可能会遇到一些问题，如图 5.5 所示。

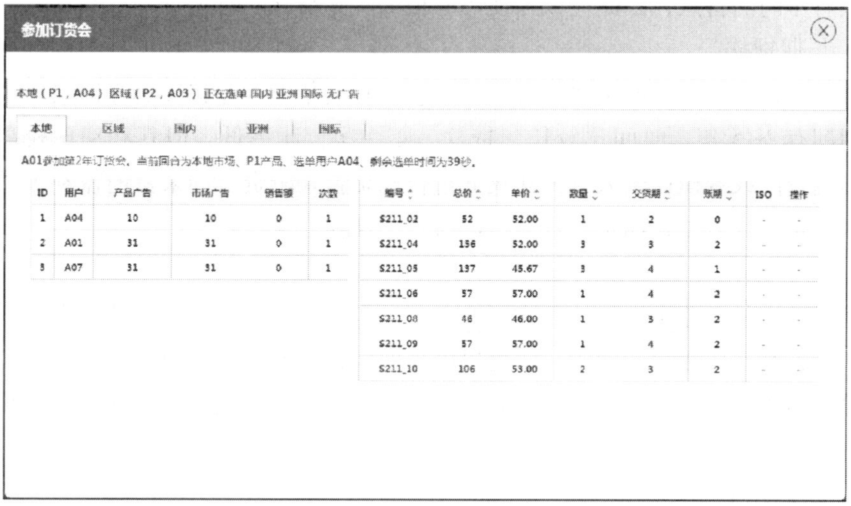

图 5.5　订货会界面

从图 5.5 中我们可以看出，一个订单主要考虑单价、总价、数量、交货期、账期、ISO 认证，以及别人如何投放的广告费等。在实践中，部分小组因为没有注意账期和交货期，导致自己违约，然后贷不了款，最后只能破产。所以，团队在选单的时候尽量采用"数量—单价—账期—交货期"的顺序来选单，并且选了一个单就要记录交货期、数量，以免自己多选以致出现不能按时交货等导致违约的情况。

5.3.2　资金筹集方式

在 ERP 沙盘实操过程中，如果遇到现金断流且不能筹集到资金的情况，企业就会破产。因此，企业在规划时，应充分考虑资金的数量和质量，而资金的质量主要是指最大限度地使用资金，即尽可能降低资金的使用成本，并最大发挥资金的保值和增值目的。因此，我们有必要以科学的方式来合理使用资金，而不是想用多少就用多少。

下面看一张"本科规则二"① 的筹资方式，如图 5.6 所示。

贷款类型	贷款时间	贷款额度	年息	还款方式	备注
长期贷款	每年年初	所有长短贷之和不超过上年权益 3 倍	10.0%	年初付息，到期还本	不小于10W
短期贷款	每季度初		5.0%	到期一次还本付息	
资金贴现	任何时间	视应收款数额	1季，2季：10.0 % 3季，4季：12.5 %	变现时贴息	贴现各账期分开核算，分开计息
库存拍卖		100.0 %（产品）80.0 %（原料）			

图 5.6　筹资方式

从图 5.6 可以看出，当企业没有资金时，可通过长期贷款、短期贷款、资金贴现、库存拍卖来筹集资金，暂时解决企业的资金危机。除了图中的四种方式，在 ERP 实际操作中我们还可以通过出售生产线、出售厂房、以及暂停部分产品的推进（这种主要通

---

① 新道 ERP（5.0）内置规则。

过少支出来实现变相的融资）几种方式来解决问题。企业筹集资金的方式很多，但由于每种方式有不同的特点，因此应该在使用时根据实际情况来讨论。

（1）长期贷款

长期贷款是企业融资的主要方式之一，它能有效帮助企业解决资金短缺的问题。长期贷款周期有 2~5 年，时间比较长，贷款一年一次，频率低，但其利率比较高，所以当企业固定资产或规模比较大时，建议通过长期贷款来融资，如果目前盈利可观，能增加所有者权益，则可以长期贷款贷完，此时市场规模也应该扩大。

（2）短期贷款

短期贷款也是企业融资的主要方式之一，它能很快解决资金短缺的问题。短期贷款周期是一年，时间比较短，贷款一年可以办理四次，频率较高，但利率比较低，所以当企业需要很多原材料，生产更多产品时，就可以多贷一些短期贷款，并且可以每个季度滚动来贷。

（3）资金贴现

资金贴现是企业融资的主要方式之一，在实际操作中也经常使用到。当资金不足或者还没到借款的时候钱就不够用了，此时就可以采用资金贴现。这种筹资方式的优点是时间灵活，可以随时贴现，不像贷款那样只能在某些时候才能办理。但这种筹资方式的缺点是手上得有应收账款，而且应收账款的贴现费率还比较高，而贴现费用会影响利润，进而降低所有者权益，所以资金贴现应尽量在企业资金比较困难的情况下使用。

（4）库存拍卖

当企业前三种筹资方式都不能使用时，若企业库存有较多的产品或原材料，可考虑出售产品或原材料。但这种方式会给企业造成比较大的损失，因为产品是按原价卖出，而原材料出售只能按打 8 折的价格卖出。因此，库存拍卖只能在企业无可奈何的情况下使用，也是帮助企业暂时渡过难关的一种筹资方式。

（5）出售生产线

出售生产线是企业一种迫于无奈的筹资方式，主要在资金出现严重的短缺情况下使用。因企业的生产线只能按残值出售，且在前 4 年内生产线的净值通常都大于残值，所以企业在前 4 年出售生产线的损失会很大。另外，如果企业出售了生产线，就意味着企业的生产能力缩小，生产规模下降，营业收入下降，可能会导致企业陷入一个恶性循环。

（6）出售厂房

出售厂房是一种转战略的筹资方式，主要是在前面几种筹资方式都不可行，或想要转产、降低生产规模的情况下使用。但需注意，出售厂房要保证里面没有生产线，且出售厂房将收到 4 个账期的应收账款，无法立即获得现金。因此，这种筹资方式需要提前计划资金的使用安排，否则在出售厂房后的应收账款又使用现金贴现，损失就会很大。

（7）暂停生产推进

按道理来说，暂停生产推进不是传统意义上的筹资方式，但它却可以让我们对资金的需求降低。因此，从某种程度上是帮企业渡过难关的一种方式。

5.3.3　广告策略

广告策略主要解决的是企业需要在哪些市场上投放广告，在哪些产品上投放广告，以及分别需要投放多少资金的问题。广告策略在企业经营策略也是很重要的一环，如果广告策略失败了，很有可能花了钱却没拿到理想的订单，导致跟预期目标相差很大，进而影响整个团队后续的决策。科学合理的广告投放策略可以使企业以最小的成本拿到最满意的订单，所以我们要慎重制定好广告策略，提高广告收益率，进而提高资金的使用效率。相反，失败或者随意的广告策略不仅会浪费资金，还可能导致违约或者产品积压的问题，会对利润造成损失，从而影响所有者权益。合理的广告策略一定离不开两个问题。一是是否争夺"市场老大"的位置？二是广告投入产出比如何实现最大化？以下对这两个问题进行具体阐述。

（1）是否争夺"市场老大"的位置？

在 ERP 沙盘规则中，"市场老大"是指该市场上一年度所有产品总销售额最高的团队，这一身份赋予其优先选单的权利。如果没有"市场老大"，那系统就根据广告费投放高低来决定选单的先后顺序。

在投入实训中，经常有些小组会犯这样一个错误，就是他们以为要想成为"市场老大"就是广告费投入最多，广告费投保越多，谁的产品销售额多。这样的理解不正确，因为在规则中说的"'市场老大'比较的是整个市场的总销售额，而不是单一产品的销售量"。比如，第一组只有 P3 这个产品，而第二组有 P1 和 P3 两种产品，那么在选单时，即使第一组获得 P1 最大的销售额，但第二组 P1 和 P3 两种产品的总销售额大于第一组，则无论第一组投入多少广告费，"市场老大"就不是第一组的。这就说明，我们想要优先选单，最要紧的是要拿到"市场老大"的位置，而不是靠"蛮力"使劲投广告费。因此，可以靠合理的产品组合来获得"市场老大"的位置。

（2）广告投入产出比如何实现最大化？

在 ERP 沙盘实训中，一般练习了五六次课后，小组就会思考，最优的广告投入产出比是多少。那什么是广告的投入产出比呢？广告的投入产出比＝本次总的销售额/本次总的广告费。根据经验，只要你的广告投入产出比能大于 20，这样的效益就是比较好的。在四川省的 ERP 沙盘比赛中，市场的选单过程正是几个队伍真正博弈交锋的时候，不同规则、不同市场、不同竞争对手、不同时间等一切内外部因素都可能导致广告投放策略不同。因此，想要每次都能找到一个广告投入产出比最优的情况是非常困难的。

那是不是投放广告就可以随便投了呢？也不是。一般情况下，优秀的市场总监都会有一套广告投放的策略和技巧。一般在比赛时，我们会拿到一个市场预测表，我们首先需要把市场预测表中的数据转化为我们易懂的信息数据表。比如，将图 5.7 的市场预测表转化成易懂的信息数据表。

5

经典案例分享

市场预测表——订单数量							
序号	年份	产品	本地	区域	国内	亚洲	国际
1	第2年	P1	8	7	0	0	0
2	第2年	P2	7	7	0	0	0
3	第2年	P3	6	7	0	0	0
4	第2年	P4	7	4	0	0	0
5	第3年	P1	8	6	7	0	0
6	第3年	P2	7	7	9	0	0
7	第3年	P3	8	6	8	0	0
8	第3年	P4	7	4	7	0	0
9	第4年	P1	7	6	7	6	0
10	第4年	P2	6	9	7	9	0
11	第4年	P3	8	7	8	7	0
12	第4年	P4	8	7	6	8	0
13	第5年	P1	7	5	5	7	7
14	第5年	P2	6	7	8	6	5
15	第5年	P3	6	5	6	7	7
16	第5年	P4	7	5	5	6	5
17	第6年	P1	5	6	6	6	15
18	第6年	P2	8	6	8	6	6
19	第6年	P3	5	8	8	7	3
20	第6年	P4	8	6	6	6	0

图 5.7　市场预测表——订单数量

根据图 5.3、图 5.4 和图 5.7 的均价、需求、订单数量三张表通过加工整理，得到以下信息数据表 5.1。

如表 5.1 区域市场信息数据预测表所示，P1 产品价格在 3 万上下波动，需求量在第二年和第五年最高，第六年最低；P2 产品价格 6 万元上下波动，需求量在第四年最高，第三年和第五年相比最低；P3 产品价格 3 万元上下波动，需求量较平稳，第六年最低；P4 产品价格 14 万元上下波动，需求量在第三年和第五年最低，第六年最高。P1 毛利在 30 万元左右，P2 毛利在 40 万元左右，P3 毛利在 50 万元左右，P4 毛利在 55～65 万元。

表 5.1　区域市场信息数据预测表　　　　　　单位：万元

年份	P1（成本 20）				P2（成本 30）				P3（成本 40）				P4（成本 50）			
	价格	毛利	需求量	订单量	价格	毛利	需求量	订单量	价格	毛利	需求量	订单量	价格	毛利	需求量	订单量
2	51.44	31.44	18	7	68.05	38.05	22	7	92.4	52.4	15	7	112.38	62.38	13	4
3	53.53	33.53	15	6	72	42	15	7	91.41	51.41	17	6	106.22	56.22	9	4
4	51.64	31.64	14	7	71.11	41.11	27	6	89.69	49.69	16	8	105.75	55.75	16	8
5	52.22	32.22	18	5	74.25	44.25	16	7	89.47	49.47	15	5	119.78	69.78	9	5
6	50.69	30.69	12	6	70.67	40.67	23	6	90.21	50.21	13	6	105.5	55.5	23	6

思考题：根据市场预测表，参考区域市场的信息数据，请您对其他市场进行数据处理分析，并决定自己的市场定位和广告策略。

5.3.4 竞单策略

企业想要拿到最满意的订单，除了制定正确的广告策略，还需要运用竞单策略。所谓最满意的订单，就是将生产的产品都销售出去，这样才能使得每张单的产品毛利最大化。在获取订单的过程中，需要注意以下三点：

（1）提前了解企业在每个季度各种产品的生产情况

企业在竞单时，有时候可能会遇到有限制条件的订单，如加急订单。如果没有提前计算出自身各个季度的产品生产情况，那就很容易陷入被动的局面。

（2）分析对手广告投入情况，合理确定产品市场

在竞单时，系统上可以看到每个组的基本情况，企业可以在此时安排部分小组成员将其他组的广告投放结果以及"市场老大"情况记录并进行分析，这样有利于企业及时调整竞单的策略。如果企业没有这样做，很可能会错过一次好的选单机会。

（3）明确资金预算

在 ERP 沙盘实际操作中，企业竞单会面临很多选择。比如，两张订单的销售数量相同，但单价和账期不同。其中一张订单单价比较高，但订单账期也比较长而另外一张订单单价低，同时订单账期也低。像这种情况，企业要根据自身的资金情况来选择。如果企业资金比较少，就应该以较短的账期为有限考虑因素。当然，如果企业资金充裕，那就选择单价较高的那个。

5.3.5 交单策略

要想不出现违约或者库存积压的问题，企业就需要合理安排好订单交货的时间。同时，合理安排交货时间也能提高资金利用的效率，并减少相应的财务费用。一般来说，我们一个季度能生产多少产品，我们就交多少产品，但交货的时候还需要结合订单的交货期，有可能你生产了 4 个产品，但最先交货的订单数量却是 3 个，这样那我们也应当先交这 3 个产品。交单时主要考虑以下五个方面：

（1）交货期

一般情况下，我们交单时，应首先看交货期。比如，我们年初拿到一个第一季度交货的订单，但数量是 2，账期为 2 个季度，总价是订单里最低的，第一季度的产出是 4 个产品。这种情况，我们要先交这 2 个产品的订单，因为不交的话，就算违约，会产生违约金，进而降低利润，进而减少所有者权益。

（2）账期

如果企业有两张订单交货期是一样的，一张订单账期为 2 个季度，但总价为 150 万元，一张订单账期为 0，但总价为 110 万元。像这种情况，选哪张订单需要根据你的现金和应收账款有多少来决定。如果你的现金和应收账款多，就可以选订单账期为 2 个季度的；如果你的现金和应收账款都不多，甚至后续的资金需求都满足不了，那就一定要选订单账期为 0 的。

（3）数量

在 ERP 沙盘实训中，也经常会出现这样的情况：两张同一产品的订单，但其中一张订单数量多一些，另一张订单数量少一点。如果出现这种情形，就按前两种策略来判断；如果没有，就根据自己每个季度的产能。如果产能够大，就先交多的；如果产能不足，就先交少的。

（4）总额

如果企业有两张订单，一张订单总额为 200 万元，另一张订单总额为 210 万元。现在出现了资金缺口，只能采用应收账款贴现才能存货，而此时应收账款又不够，则到底该贴现哪一张订单呢？假如贴现规则是要贴 7 的倍数，而我们现在的资金需要量是 130 万元，这种情况下，我们一般都先交 210 万元的订单。

（5）违约

当生产总监没有提前计算产能或者预估错误，就会出现拿到的订单数量大于产能的情况，这种情况很有可能会导致违约。为了把损失尽量控制在最小的范围，可以借鉴以下做法：

第一，对比紧急采购或违约的成本，看哪一种的成本要低一点。

第二，如果我们少一个 P3 产品，而这张订单的总额最大，此时我们可以考虑生产线的转产，将生产其他产品的生产线转为生产 P3 产品，这样也可以减少最终损失。

如果违约，企业不仅要赔款，还会失去"市场老大"的位置。要想不失去市场老大的位置，我们可以选择在其他市场上违约。

5.3.6　材料采购计划

即使我们的市场做得很好，产能计划也很好，但采购环节出现了问题，那也不能保证产品线的正常运行。所以，科学合理地采购材料，既可以保证生产的需要，又可以减少库存。企业都想要零库存，但在实际环境中，很多时候是办不到的。但在 ERP 沙盘比赛中，合理计划好采购计划后，这个零库存是可以办到的。这需要我们在采购环节中注意以下：

（1）正确计算原材料数量并正确下单

在 ERP 沙盘实操中，我们首先需要正确计算原材料的数量，只有数量准确，后面才有原材料生产；其次，我们要以正确的方式下单，如在 ERP 课堂上，总有那么几次，有些小组因为某次原材料忘记下单或者原材料下单错误而导致与采购计划不一致。

（2）正确计算采购费用

采购总监应根据采购的数量，准确计算出相应的采购费用，并把采购费用同步给财务总监，财务总监根据这个数据可以编制相应的现金预算表。

（3）正确并及时购买原材料

采购总监应根据采购计划，及时预订原材料，并准确计算所需原材料的数量，并应准备好当出现计划失误而引起原材料不足的备选方案。

沙盘操作中的常见问题

【本章目标】

了解 ERP 沙盘模拟与数智沙盘的区别与联系。

熟悉 ERP 沙盘模拟过程中常见的问题，并掌握每个问题的解决方法。

熟悉企业数智沙盘模拟过程常见的问题，并掌握每个问题的解决方法。

【本章内容】

①破产的原因及规避措施

②违约的原因及规避措施

③抢单过多/过少的原因及规避措施

④无人计划的处理以及其他

无论是在 ERP 沙盘还是企业数智沙盘对抗中都会各种复杂的问题，其中最为普遍的问题是破产、违约、抢单以及企业管理等问题。鉴于次，我们有必要针对这些较为突出问题产生的原因进行深入分析并找到解决之道，从而提升同学们的沙盘实战技能。

6.1 在商战 ERP 沙盘中的常见问题

商战 ERP 沙盘实操中遇到的常见问题有八个方面。

（1）突然破产

破产是指企业现金流断裂或所有者权益为负值，企业已经没有现金维持接下来的生产运营，或者权益为负值了。主要原因如下：

①未妥善规划现金使用，导致资金不足。

②对借贷金额和类型思虑不周。短贷周期为 1 年，长贷周期为 5 年。如若不能充分

理清公司到期还款时的账目，则很容易导致公司破产。

③市场调查不充分、广告投入不足、抢单太少、资金难以回流，导致还款困难，情况严重者可致企业破产。

④生产疏忽，当季未投入生产，或记错交货期，高估自身生产能力而导致不能按时交单。

针对上述问题，我们主要的解决措施如下：

①在进入沙盘之前，一定要充分了解沙盘规则，深刻理解每一条规则，只有理解了规则，在实际操作中才不会手忙脚乱，才不会不知所措。在遇到难题的时候，或陷入困境的时候，才能冷静地处理各种情况，使企业不至于走向破产。

②在进行企业沙盘模拟操作时，财务部门需要完整记录每个季度的各个部门的财务支出和收入情况，以及各个扣除款项的还款时间；同时，还应该根据企业经营状况适当预留一部分现金，应对突发情况，控制风险。

③在经营年限为6年的沙盘模拟中，我们在第一、二年一般采取小规模短贷，以维持公司生存，创造营收，提高权益；第三年开始，我们宜采取大规模长贷措施，以扩大公司规模，抢占市场份额，跻身行业前列。

④广告费的投入要根据公司自身的订单需求以及市场的产品需求情况来综合决定；若公司产量高，应多投广告，保证抢到足够的订单。在此需要补充说明的是，在订货会之前，营销总监一定要仔细监测市场预测数据，根据市场预测数据对其他企业的生产状况有一个粗略的估计。估计其他企业有可能会在哪些市场针对哪类产品投放广告，并以此为依据，在抢单时适度地增加广告投放次数。除此之外，针对同一类产品，我们尽量在多个市场进行广告投放。这样有利于提升抢单的可能性，保证订单数量。

沙盘模拟中，赔付违约金只是一项简单惩罚措施，但是 违约订单错失的利润是难以挽回的，从订原料、生产、抢单到交货，每一步都至关重要，稍有不慎可能就会导致公司破产；因此，我们可以在团队内部建立互相监督制度，各岗位成员在完成本岗位的任务后可以监督检查本公司其他岗位成员的工作能否及时完成，降低团队经营的失误率。

（2）为何违约

违约是指没有按约定时间交货。主要原因如下：

①原材料采购不足，原有生产计划难以执行。

②当季未进行生产，产品库存不足。

③交货期记录错误，遗忘交单。

④抢单产品与生产产品不符合，导致无法交单。

针对上述问题，我们主要的解决措施如下：

①针对原材料和产品不足的情况，首先可以选择紧急采购原材料或产品来保证生产，但这需要权衡紧急采购和订单违约对公司利益的损害程度，从而做出取舍。其次，现金流无法负担紧急采购原材料的价格时只能选择违约。

②针对记错交货期而遗忘交单的情况，要让团队成员引以为戒，仔细地记录好每笔订单的交货期，争取不犯相同的错误。

③抢单前要先核对好产品的生产类型，根据市场情况来判断是否需要转产，何时转产，转产后当年产量为多少，以防止出现抢单与生产产品品类不符造成违约的情况。

（3）抢单过多

抢单过多是指抢的订单数量超过了交货期内公司的生产总产量。主要原因如下：

①计算失误，过多计算生产线产量。

②抢错产品。

③操作失误。

针对上述问题，我们主要的解决措施如下：

①充分衡量紧急采购产成品和直接违约支付违约金对公司利益损害的程度，争取把公司的损失降到最低。在资金允许的情况下，也可以考虑新增产品线，提升产能。

②对于因抢错产品而在该年内余下的产品库存，可以通过下一年的订货会再抢单进行出售，也可以在公司资金紧缺的情况下选择低价出售库存。

（4）抢单不足

抢单不足是指抢的订单数量低于交货期内公司的生产总产量。主要原因如下：

①广告投放不足，所得到的抢单次数少。

②计算失误，比实际生产少计算了公司在订单交货期内的产量。

③市场订单量少。

④对产品的定价过高，导致抢不到单。

针对上述问题，我们主要的解决措施如下：

①对于抢单次数不足的情况，可以先抢订单数量大的订单，对于剩下的部分库存可以留到下一次抢单时出售，如果公司现金不够而又无法贷款，也可以紧急出售这部分库存。

②在抢单前，组员应相互监督并多次计算，确定无误后方可进行抢单，并且最好将抢单数量和生产计划记录下来，以防止混乱。

③对同一类型的产品，在抢单中，如果数量不够，可以更改为其他价格稍微较低的产品。在抢单之前也应该制定备选方案，以免在特殊情况发生时手足无措。

④针对产品定价这方面，首先要考虑市场的状况，根据行情进行定价；其次，新产品的定价不宜过高，刚开始建议定价稍微低一点，先占领市场后，研发其他产品再进行抬价销售。

（5）无人计划

无人计划是指在企业正式经营前没有进行规划和安排。经营过程中无人监督计划的执行，面对计划之外的情况没有备选或应急方案代替，导致企业陷入进退两难的境地。针对上述问题，我们主要的解决措施如下：

①总裁要充分发挥自身的领导作用，与其他总监共同制订经营计划，做出最后的决策。

②总监们要根据企业经营的实际情况，监督总裁的决策，推动计划的正确实施。

（6）企业混乱

企业混乱是指由于各部门分崩离析或者突发情况，企业没有统一目标或无法实现目标的情况。主要分为以下几种情况：

①没有统一计划，各个部门分散无交流沟通，在经营过程中没有统一的战略和目标。

②各个部门经理没有足够了解沙盘的原则和操作规程，对经营的方法了解甚少。

③缺乏核心领导者，主体意识不强，当企业经营出现问题时，小组中未能及时出现领导者来引导小组成员解决问题。

针对上述问题，我们主要的解决措施如下：

①在经营之前，组长应该组织各组员讨论经营方案和目标，制订生产计划，有序地开展经营活动。

②在经营之前了解沙盘的规则，比如原料组成和送货周期，有计划地购买原料。同时，也需要多多练习如何操作并提高操作效率。

③小组中每位成员除了分配的角色以外，还需要有人来承担组织领导的角色，其余小组成员则需要主动积极配合这位领导者的安排，遇到企业经营状况出现问题时，小组成员要一起参与讨论，找出经营出现危机的具体原因，共同提出解决措施并实施。

④各成员在操作前需要进行沟通，确认计划是否无更改。完成操作后，一定要相互告知并检查操作是否有遗漏，尤其需要注意的是每年第四季度需要提交报表，一旦报表提交就不能继续当季操作，一定检查仔细。

（7）为什么利润是负值

利润为负是指交单时显示该订单的成本大于该订单的收益的情况。这种情况并不多见，但如果不注意考虑产品的生产成本，一旦遇到利润为负的情况，将会对公司造成致命的打击，经营规模越大，利润损失得越多，所有者权益也降得越多。

（8）抢单看什么

①交货期

要特别注意订单的交货期，确保公司在交货期内能够完成订单的生产量。要注意规则中的交货期是需要等待的周期。（如若交货期为2，那么指的是以本期为基准，往后顺延两个季度就是交货的日期）

②账期

在订单价格相同或在公司资金紧张的情况下可以选择账期较短的订单，以确保资金的快速回笼。如果账期过长，而本季度企业运转的资金不足时，可以选择贴现。但要注意，贴现有贴现率，并且还会扣除企业的所有者权益。所以，一般情况下要尽量避免贴现。

③生产资质

我们需要根据公司开发了的产品生产资质选择相应的订单，没有开发相关产品生产资质的订单无法选择。所以，生产总监最好在第一年的第一个季度就要开通所有产品的生产资质。

④订单的交易市场

注意要在本公司投放了广告的交易市场中选择订单，没有广告投放的市场区域不能进行抢单。同样地，生产总监可以根据市场预测表的信息，提前开通市场认证。

⑤产品数量

要根据公司在交货期内的产量来选择订单。交货期内的产量不可小于抢单的产品总数。

⑥产品价格

在轮到本公司选单的时候，在符合本公司选单需求的前提下，最好选择单价高的订单，以增加公司的利润。

总而言之，具体的操作流程都是针对具体的规则而言的。因此，首先，要提前仔细研读规则，有疑惑的地方要及时询问老师。其次，作为一个团队，团队的每个成员都要各司其职，明确自己的工作操作范围，需要对接的地方要及时对接，凡是一个部门操作有需要改动的地方要提前告知其他部门。在进行具体的生产经营之前，务必要讨论出一个大致的运营方案，对公司的运营目标要有具体把握。大家要明确的是，市场是千变万化的，特别是遇到同一市场中，竞争对手多的情况。如何合理地应对竞争这都是我们要提前考量的因素。尽可能地罗列出所有可能出现的突发状况，并制订应急方案。若是实在无法预料的，也不用紧张，冷静应对。只要是公司还在生产，就有回旋的余地。这个时候我们只要保证公司能够存活下去就可以了。针对遇到的问题，最好本子上记录下来，经营结束的时候在团队内进行分享总结。养成一个良好的操作习惯也是很有必要的，要避免"漏点""错点"这种低级错误的出现。所以，在操作之前，最好以每一季度为单位，将需要操作的事项完整地罗列出来，再进行实践。

6.2 在数智企业沙盘中的常见问题

以 2023 年四川大学生数智企业沙盘比赛实践为例，说明数智企业沙盘中常见的主要问题有八个方面。

（1）破产

企业破产的主要原因如下：

第一，预算不足。财务部门对当季度或当年的预算规划存在偏差。例如，遗漏某一环节所消耗的费用或者未透彻了解规则导致计算失误等情况，都有可能在年末提交财务报表进行当年结算时，自动扣除现金，使得企业现金为负从而破产。

第二，订单的违约金。若企业未按期交付抢到的市场订单，便需要按照比率赔付该笔交易违约金，规则不同赔付比率也会不同。同时，订单的违约会影响企业当年现金的使用规划，导致本该用于其他计划的资金受到影响，从而直接影响后续正常经营。情况严重时，会导致现金流断流。

第三，生产线维修费用。生产线维修费用与管理费不同，生产线费用是指生产线建成后一年扣除的费用。由于每条生产线建成的时间不同，生产线建成满一年后就会在当季开始时自动扣除生产线的维修费，该季度现金预留不充足则可能导致企业在转季的时候破产。

第四，贷款偿还。在企业的经营前期，通常需要进行直接融资、短期贷款或长期贷款。直接融资和短期贷款的还款方式为本息同还，而长期贷款为每季付息，到期还本。企业需要根据具体经营状况和经营计划选择不同的贷款方式。并且，由于所有者权益的变化，每年贷款额度不同，若漏记某贷款额度而没有计算利息或还本额度，可能导致现金流无法偿还贷款而破产。

针对以上问题，我们通常的解决措施如下：

①在进行企业沙盘模拟操作时，财务部门需要完整记录每个季度各个部门的财务支出和收入情况，以及各个扣除款项的还款时间，同时，还应该根据企业经营状况适当预留一部分现金，以应对突发情况，控制风险。

②沙盘模拟中，违约金的赔付虽只是一部分，但是所错失的利润是难以回转的。因此，每一笔订单的抢单和交货都是十分重要的。我们在经营的过程中应该尽量避免违约，在抢单时应认真查看交货期以及在交货期内的公司能够生产的产品数量，同时也要记得按期交货。

③财务总监和生产总监协同，准确记录生产线的建成时间，在生产线建成一年后应在扣维修费之前留足现金。

（2）违约

违约是指没有按约定时间交货。主要原因如下：

第一，抢单数量过多，导致生产线产能达不到抢单交货数量。

第二，抢单后记错交货期，导致到最后期限时遗忘交付订单。

第三，交付订单失误，将交货期长的订单先行交货，导致交货期短的订单无法交货。

第四，抢单时由于看错交货期导致在抢单时抢错订单，后期生产不能满足该笔订单的要求。

第五，工人生产效率下降，没有及时进行激励，导致产线产能达不到交单量。

第六，生产失误。生产失误主要由以下原因导致：

①原料订购少了，无法达到需要的订单数额的产品。

②生产线操作错误，生产了错误的产品。

③生产操作失误，导致产量未达到实际订单需求量。

第七，生产线对应的工人数量不匹配或工人不足，导致生产线只能停产，造成生产的产品数量减少，从而影响订单的数量。

针对以上问题，我们通常的解决措施如下：

①对于因多抢或者交单失误等原因导致的违约，可以考虑进行加急采购产品或交付违约金并扣除信誉值这两种方式。紧急采购价格均为原价的数倍（规则不同，倍数不同），选择紧急采购时，需考虑自身企业的资金需求状况、订单金额与紧急采购所需消耗的金额的对比。若当前企业对资金有其他使用计划，且对企业经营影响更大，可以考虑选择直接赔付违约金并扣除商誉值，便于维持后期经营。

②针对少订原材料的情况，可以通过紧急采购原材料来保证生产数量。

③及时对工人进行激励，保证工人能够保持稳定的生产效率，方便后续进行产量计算以便抢单。

④团队内部要制定互相监督制度，各岗位成员在完成本岗位的任务后，可以监督检查其他岗位成员的工作是否正确及时完成，从而降低团队经营的失误率。

⑤在招聘工人以及录用前，需要注意工人的工作效率以及薪资要求，择优选择，一般选择高效率且薪资适当的工人；录用时，提供的薪资必须满足工人的期望薪资才能保证工人一定到岗。根据规则，我们可以了解到每种生产线所配备的工人数量不一样，工人的种类也不一样，熟悉规则，有利于清楚有关生产线上的工人配置，保证每条线上都有对应的工人。要注意的是，需要招聘的是初级工人还是高级工人；若需要用高级工人错招为初级工人，可组织相关培训让其在下季度工作。因高级工人工资过高，也可招聘初级工人进行培训。

⑥对工人进行激励，是为了保证效率与产品产量。对工人的激励可以分为涨薪（涨薪后以后，每月薪资都要按涨薪后的薪资发放，当季不需付涨薪额度，下季付涨薪工资）和直接激励（当季支付激励额度），我们通常选择直接激励。工人在一个季度的工作后一般会降低效率，效率降低值在规则表中可以查看，但提高一点效率需要花费多少奖金需要在实际操作中试出，一般一年一季度拨预算 500 元或 1 000 元，选择效率低的一名员工发放一次性激励奖金 500 元，根据效率涨幅得出一点值需要多少金额。

⑦在数智沙盘比赛中，针对原料采购的问题，考虑以下两种方案：一是分批多次下单，二是一次性全部下单，具体视情况而定。

分批多次下单的优势：相对灵活，可有效降低企业风险。如果企业后续资金不足，能够有选择性地选择材料收货，并进行主要产品的生产，减少赔付违约金以及商誉扣分。缺点：若生产线多，下单稍微有些耗时，且容易造成材料下单遗漏的问题，需要生产者小心仔细核对所需的原材料。

一次性全部下单的优势：方便快捷。缺点：一次性下单所有的材料总体费用太高，若企业后续资金不够，无法一次性支付材料的收货费用，企业将面临无法生产所带来的各种问题，如订单违约、赔付高额违约金扣商誉，甚至破产等。

特别注意：生产线有开产费！一条生产线的开产费＝实际生产产量×（普通工人人数×普通工人计件工资+高级工人人数×高级工人计件工资）。

（3）抢单过多

导致抢单过多主要原因如下：

①过多计算公司在订单交货期内的产量。

②抢错产品或产品性能。

针对以上问题，我们通常的解决措施如下：

①充分衡量紧急采购产成品和直接违约支付违约金对公司利益损害的程度，争取把公司的损失降到最低。

②对于因抢错产品或产品性能而在该年内余下的产品库存可以通过第二次有补单机会时进行出售，如果错过了该年的补单机会，在公司资金紧缺的情况下可以选择低价出售库存。

（4）抢单过少

导致抢单过少的主要原因如下：

①少计算了公司在订单交货期内的产量。

营销总监在订货会之前就要与生产总监仔细核对当年每一季度的生产线的产量，然后根据市场整体情况计算广告投放所需的资金，需抢几次单才能保证产品的销售总量。这些都要提前计算出来。

如果有产品库存的积压，可以在零售市场进行积压产品销售，或者在下一季度订货会时，扩大广告的投放量，增加抢单次数来弥补上次抢单的差额。除了万不得已的情况，不要用卖库存的方式处理库存产品，这样不仅不会减少企业利润还会减少所有者权益。

②广告投放不合理，获得的竞单次数少。

在订货会之前（一般指订货会的前一个季度），营销总监要仔细分析市场预测资料，观察哪一个市场的产品需求量大、单价高、利润空间大，并以此为广告投放的参考。与此同时，我们还要考虑其他企业的生产情况。因为如果一个产品的利润空间大，市场上的多数企业都会争先恐后地生产这一产品。如果广告投放金额不足，那么在竞单过程中很有可能会出现被挤出市场的风险。为了应对这一情况，企业要增加生产产品的品类，（比如同时生产 P1、P2）或者在多个市场投放广告。这样，就可以缓解在同一市场竞争的压力，保证抢单的概率。

（5）无人计划

一般情况下，企业的经营年限为三到四年，在正式经营之前，小组成员就应该对规则中的市场预测信息进行分析与讨论，制订好企业经营年限内需要达成的经营目标和方案，然后在正式经营过程中根据当年或当季的市场状况，对生产计划进行适当合理的调整。

在这一过程中，要特别注意，生产和营销是两个密不可分的环节，生产总监和营销总监应实时对企业的生产规模与产品选择进行充分的交流与分析。

（6）企业混乱

出现企业混乱情况的主要原因如下：

①没有统一计划，各个部门分散无交流沟通，导致在经营过程中没有统一战略和目标。

②各个部门经理没有充分了解沙盘的原则和操作规程，对经营的方法了解甚少。

③缺乏核心领导者，当企业经营出现问题时，小组中未能及时出现领导者来引导小组成员解决问题。

解决方法如下：

①在经营之前，组长应该组织各组员讨论经营方案和目标，制订生产计划，有序地开展经营活动。

②在经营之前了解沙盘的规则，比如原料组成和送货周期，有计划地购买原料。同时，也需要多多练习如何操作并提高操作效率。

③小组中每位成员除了分配的角色以外，还需要有人来承担组织领导的角色，其余小组成员则需要主动积极配合这位领导者的安排。当遇到企业经营状况出现问题时，小组成员要一起参与讨论，找出经营出现危机的具体原因，共同提出解决措施并实施。

④各成员在操作前需要进行沟通，确认计划是否无更改，完成操作后一定要相互告知并检查所有操作是否有遗漏。特别注意，生产总监需着重注意各部门的运作流程顺序，生产对接营销、财务、人力三个部门，环环相扣，缺一不可。主要操作顺序为：营销、财务、人力、生产。首先，生产总监需要与营销总监对接好产品的生产、性能的研发以及生产线的开设等问题。其次，做出预算等待财务总监拨款。最后，一定得等到人力资源总监提效完毕再开产，否则生产产量不够，后期紧急购买的费用太高。若要开设新的生产线，应提前告知人力资源总监，便于其开展工人招募。

（7）利润为负值

这种情况主要前期生产成本估算错误导致的。对于这种情况，我们需要在沙盘模拟中充分核算产品的成本：

产品生产成本＝原材料成本+工人月薪×生产周期（月）+计件工资+开产费，一旦发现产品利润为负时，要尽可能地减少该产品的生产，并在适当的时机选择经营利润空间更大的产品。

（8）抢单看什么

①产品型号。选择与本公司年内生产经营相符合的产品型号。

②产品价格。根据广告投放金额排名，适当地选择单价稍高的产品订单。

③订单的市场数量。首先，如果广告投放金额排名不在前列，应尽量避免抢订单市场总量少的订单，以降低抢单失败的发生率。其次，可以根据企业每一季度的产量，尽量增加抢单的次数。

④订单的交货期。特别注意抢单的交货期，确保公司在交货期内能够完成订单的生产量。

⑤订单的账期。在遇到价格相同的订单或在公司资金紧张的情况下，可以选择账期较短的订单，以确保资金的快速回笼。

⑥订单的交易市场。要注意，应在广告投放的市场区域里选择订单。如果在没有广告投放的市场区域抢单，很有可能导致抢单失败。

⑦产品资质。我们需要根据公司已开发的产品生产资质，选择相应的订单，没有开发相关产品生产资质的订单企业无法选择。

⑧广告的投放金额。在投广告之前，根据当年的市场状况，并结合对其他企业的生产规模的分析，来决定广告投放的市场与投放总额。尽量保证广告的投放总额在市场上的排名位居前列。这样才能增加抢单的机会，保证抢单的数额可以与企业的生产数量相匹配，以避免造成企业利润的损失。

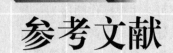

参考文献

［1］ 崔杰. ERP 企业模拟经营沙盘实训教材［M］. 北京：清华大学出版社，2019.

［2］ 周玉清. ERP 原理与应用教程［M］. 北京：清华大学出版社，2022.

2023 年四川省本科数智沙盘省赛竞赛资料

竞赛信息

竞赛信息途径：https://cc.moocollege.com//#/details？id＝18 867&isSignUp＝false.

竞赛背景：

一、大赛内容

比赛采用"S＋Cloud 认知实践教学平台——数智企业经营管理沙盘"（以下简称"数智沙盘"）作为竞赛平台。"数智沙盘"将每个参赛队伍作为一个数智化企业，每个团队分设营销总监、生产总监、财务总监、人力总监 4 个岗位，各团队接手一个创业模拟企业。在仿真的竞争市场环境中，各团队通过分岗位角色扮演，连续从事 4 个年度的模拟企业创业管理活动，每个年度经营时间为 100～120 分钟，比赛总计时间为 400～480 分钟。参赛队根据经营规则的要求，在规定时间内，通过企业采购、研发、生产、销售、计划、财务核算、筹资与投资管理、人员招聘及培育等各方面的运作，完成企业模拟经营。

二、竞赛方式

本次大赛将面向院校所有专业开放，大赛分为新工科组和新文科组两个组别，两个组别独立竞赛、单独排名。大赛分为校内赛（选拔赛）、省复赛（突围赛）和省决赛（排位赛）、全国总决赛四个环节。省级复赛（突围赛）、省级决赛（排位赛）各项工作由四川省大学生数智化企业沙盘模拟经营大赛组委会组织实施（组委会执行处设在西华大学）。

1. 校内赛（选拔赛）

由各高校自行组织进行选拔，根据校内赛规模（推荐省复赛参赛队伍数为校内赛队伍总数的20%），每个学校最终选拔出不超过6支队伍参加省复赛（新文科组不超过4支队伍，新工科组不超过2支队伍。若未进行校内赛选拔，则新文科组不超过2支队伍，新工科组不超过1支队伍。新工科组可允许每组最多有1名新文科专业学生）。各院校对校内赛中表现优秀的团队可以进行奖励，奖励标准及奖励方式由各院校自行确定、自行负责。

2. 省复赛（突围赛）

由大赛组委会组织线上沙盘模拟经营突围赛，并组织裁判对各高校参赛队伍竞赛情况进行监督，最终选择每个区排名前60%的队伍进入省决赛，该阶段参赛院校须自行准备符合条件的设备和网络。

3. 省决赛（排位赛）

进入省级决赛的队伍参加线下沙盘模拟经营排位赛，最终根据各区参赛队伍比赛成绩决出一、二、三等奖。

4. 全国总决赛

该阶段赛事为2023年最新发布的《2023全国普通高校大学生竞赛分析报告》竞赛目录上榜学科竞赛，排位序号为74，榜单名称为"全国高等院校数智化企业经营沙盘大赛"。根据省决赛竞赛情况，组织最终晋级的4支参赛队伍参加线下竞赛，与全国优秀队伍同台竞技。

三、竞赛时间及流程

（一）参赛院校报名登记

各参赛院校在7月30日12：00前，将附件1《2023年四川省大学生数智化企业沙盘模拟经营大赛参赛院校登记表》盖章扫描版（需院校教务部门签字盖章）及附件2《2023年四川省大学生数智化企业沙盘模拟经营大赛参赛院校登记表》电子版，压缩打包发送至大赛组委会邮箱 scserpds@126.com。邮件主题及压缩包命名格式为：参赛院校登记表-院校名称-负责教师姓名-联系电话。组委会为接收到报名登记表的院校统一开通省赛练习账号，未收到报名登记表的院校请求不予处理。

（二）校内赛：2023年6月1日—9月7日

校内赛（选拔赛）可根据参赛院校自身情况进行校内赛选拔，所得成绩受组委会认可。各高校成立本校的竞赛组织领导机构，组织开展竞赛活动。每所参赛院校在校内选拔的基础上，可向大赛组委会推荐总参赛队伍数20%的参赛队，每所院校推荐不超过6支参赛队（新工科组不超过2支队伍，新文科组不超过4支队伍。推荐队伍应有名次排序，供省级复赛参考）。各院校对预赛中表现优秀的团队可以进行奖励，奖励标准及奖励方式由各院校自行确定、自行负责。

2023年9月7日12：00前，各院校组委会将报名材料以附件形式打包发送至大赛组委会邮箱 scserpds@ 126. com，以实际收到的邮件为准，逾期将视作自动弃权。

提交材料包括：

（1）附件3《2023年四川省大学生数智化企业沙盘模拟经营大赛复赛推荐队伍名单》。

（2）附件4《2023年四川省大学生数智化企业沙盘模拟经营大赛校园选拔赛报名表》。

（3）附件5《2023年四川省大学生数智化企业沙盘模拟经营大赛总结材料》。

（4）参赛学生的学生证、身份证复印件。

各院校将提交的报名材料压缩成一个文件，邮件主题及文件命名格式为：院校名称+负责人姓名+联系电话。

（三）省复赛（突围赛）：9月15日—16日

省复赛分为新文科组和新工科组两个组别，省复赛成绩的10%计入省级总决赛成绩（按照百分制进行测算）。

2023年9月15日进行竞赛网络测试，9月16日由大赛组委会组织线上沙盘模拟经营突围赛（具体竞赛日程和规则由大赛组委会另行起草通知文件），并组织相关大赛裁判对各高校参赛队伍竞赛情况进行监督，最终选择每个区排名前60%的队伍进入省总决赛。此阶段参赛院校需自行准备符合条件的设备和网络。

（四）省级决赛：2023年9月22日—23日

省级总决赛采用数智企业经营管理沙盘进行，分为新工科组和新文科组。进入省级决赛的队伍参加线下沙盘模拟经营决赛，最终根据各区参赛队伍比赛成绩按照10%、20%、30%比例决出一、二、三等奖。（详细安排见参赛指南，参赛指南在大赛前3~5天大赛QQ群内公示）

（五）全国总决赛：2023年10月21日—22日

全国总决赛采用数智企业经营管理沙盘进行，通过省级总决赛选拔4支优秀队伍参加（每所院校只能有一支队伍进入全国总决赛），最终根据各区参赛队伍比赛成绩按照10%、20%、30%比例决出一、二、三等奖。（详细安排见全国高等院校数智企业经营沙盘大赛方）

技术手册

技术手册主要采用2023年四川省大学生数智化企业沙盘模拟经营大赛的手册。

一、案例背景

1. 部门岗位详情（附表-1）

附表-1　部门岗位详情

财务总监	人力资源总监	生产总监	营销总监

2. 公司详情

（1）资产负债表（附表-2）

附表-2　资产负债表　　　　　　　　单位：元

项目	金额
现金	700 000
产品库存	0
原料库存	0
土地与设备	0
资产合计	700 000
负债	0
应交税费	0
负债合计	0
股东资本	700 000
利润留存	0
本期利润	0
权益合计	700 000
负债+所有者权益合计	700 000

（2）市场信息（附表-3）

附表-3　市场信息

市场	产品	特性	总量/个	平均价格/元
国内市场	P1	T1	6 000	3 000
国内市场	P1	T2	5 000	3 000
亚洲市场	P1	T2	6 000	3 000

①市场信息：用于分析市场，在投放促销广告前调研市场需求，明确每个市场的产品、特性、价格和数量需求。

②市场：表示哪个市场的需求。

③产品：表示该订单是对哪个产品的需求。

④特性：与产品组合，表示这张订单是该产品+该特性的需求。

⑤总量：表示在本市场中此类产品+特性的总需求数量。

⑥平均价格：表示在本市场中此类产品+特性的平均价格。

注：市场调研中的数量和价格非详单中的具体价格和数量，了解更多可查看规则表。

二、通用规则

1. 比赛运营阶段及各阶段时间

（1）比赛经营年数：4 年（16 个季度，详情见相关规则）。

（2）每年分【第一季度】【第二季度】【第三季度】【第四季度】4个阶段运行。

（3）时长分配：总共420分钟；选单时间根据案例不同而有所不同，单独计算时间；每年的第一季度和第四季度经营时长为25分钟，第二季度和第三季度经营时长为20分钟，如附表-4所示。

附表-4 时长分配

单位：分钟

年份	选单时长	经营时长	总时长
第一年	15	90	105
第二年	15	90	105
第三年	15	90	105
第四年	15	90	105

2. 比赛结果评分（Fn）

未经营（没有生产数据和销售数据）和破产企业的企业经营发展指数为0分；当企业的现金断流时（现金出现负值）界定为企业破产；完成正常经营的企业以第四年企业经营发展指数计算排名St1。企业经营发展指数=第四年企业商誉值×（第四年企业权益+数字化得分-系统扣分）×（1+第四年碳中和率+第三年碳中和率）。比赛结果评分计算如下：

$$Fn = 100 - (St1 - 1) \times 2$$

注：

①在上述计算排名过程中，对于得分相同的队伍，则依次按照第四年企业经营发展指数、企业权益、企业商誉值从高到低进行排名。

②在比赛中有恶意扰乱市场行为（单季度原材料订单超过公司2年需求量、年度选单数量超过公司2年最大生产量的都视为恶意扰乱市场）的，一经发现，将被取消比赛资格，不参与最终的排名。

③未经营小组排序在破产组之后，破产组排序在正常经营小组后，破产组按照经营时长倒序排名，如同一时间有多个小组破产的则参照本年度经营结束后（第四季度）报表数据进行所有者权益、销售收入排名。

3. 商誉

企业的商誉用于计算企业经营成果得分，具体扣减情况如下：

（1）订单未按时交货，则视为违约，切换季度时系统将强制扣除违约金，每张订单商誉值-1。

（2）未按时支付工人工资，切换季度时系统强制发薪，商誉值-5。

（3）原材料未按时收货，切换季度时系统自动收货，每条记录商誉值-1。

（4）未按时支付贷款利息和本金，切换季度时强制扣除，每条记录商誉值-1。

（5）未按时支付应付账款，切换季度时系统自动扣除，每笔账款商誉值-1。

（6）未按时支付管理费用，切换季度时系统自动扣除，商誉值-1。

（7）设备部门预算资金使用率为X，当$X<80\%$或$X>120\%$时，均扣减10 000分。

4. 社会责任

思政页面包含：一流企业、勇于创新、诚信守法、社会责任、国际视野页面。

（1）一流企业：本企业经营结果与知名企业进行对比，查看本企业在知名企业的中排名。

（2）勇于创新：查看当前企业创新度。

（3）诚信守法：用于查看企业当前商誉值，页面中也可查看商誉扣除明细。

（4）社会责任：指企业在经营过程中应履行的社会责任。当教师开启【精准扶贫】项目时，下一季度【捐款】按钮变亮，各企业可在该页面进行捐款。捐款行为可减免纳税额度，具体按下列公式执行：

①设捐款金额为 X；

②若 $X \geq$ 税前利润 $\times 12\%$，按税前利润 12% 扣除，应交税费 $=$ 税前利润 $\times$（$1-12\%$）$\times 20\%$；

③若 $X <$ 税前利润 $\times 12\%$，按实际 X 值扣除。应交税费 $=$（税前利润 $-X$）$\times 20\%$。

（5）国际视野：提示企业应当具备国际视野，拓宽市场渠道。

5. 数据咨询

数据咨询按钮，用于购买其他企业情报。企业支付一定数量金额，即可获取其他企业详细信息。

（1）规则中情报费用为单次购买单个企业费用（不同规则，情报费不同）。

（2）有效期为 1 个季度（如第二年三季度购买某组信息，则本季度任意时间均可查看该组企业信息，但切到第二年四季度时，查看权限消失）。

（3）单次可购买多组信息，也可在不同季度多次购买同一家企业信息。

（4）可查看权限包括：财务信息（资产负债表）、产品库存、原料库存、产线明细（产线种类、是否生产、产品种类、特性、数量等）、科研明细（技术研发）、会员明细。

6. 碳中和

（1）碳中和：企业使用生产线和生产产品时均会产生碳排放，具体碳排放量可查看规则（产品和产品线规则中有写），第二年实现碳达峰，第三年开始中和。

（2）碳达峰：以所有企业前两年的碳排放为总量，碳排放量 $=$ 产品数量 $\times$ 产品排放量 $+$ 生产次数 $\times$ 产线排放量；如 P1 产品碳排放量为 5，自动线碳排放量为 30，实际产量为 5，那么使用 2 条自动线生产 P1 产生的碳排放量 $= 5 \times 2 \times 5 + 2 \times 30 = 110$。

（3）分配算法：碳排放越少的，次年分配的碳排放量越高，公式为

①设定上一次（第三年按前两年计算，第四年按第三年计算）总碳排量 A，N 支队伍为 A_1、A_2、A_3、…、A_n。

②A_x 是某支队伍是上一年度的碳排放量；

③给每支队伍的碳排放量 $= A \times$（$1 - A_x / A$）$/$（$N-1$）。

④需注意，第一次（第三年）分配时，在原有碳分配量的基础上加初始碳排放量，第二次（第四年）分配时按实际分配。

（4）当碳排放量不足时，无法进行生产。

（5）破产组在破产当年产生的碳排放量不计入碳排放总额，也不参与碳排放的分配。

注：碳中和是一种责任，企业可通过植树造林进行中和，若企业已无碳排放额度，中和碳无法增加企业排放额度。

7. 基本规则（附表-5）

附表-5　基本规则及对应值

规则名称	规则值
违约金	40
税率/%	25
碳中和费用	20
咨询费	10 000
生产线上限/条	16
材料紧急采购倍数/倍	2
产成品紧急采购倍数/倍	4
初始碳排放量	3 000

（1）基本规则：模拟企业经营中一些基本的规则要求。

（2）违约金：这里指的是违约金比率，不同规则下违约金比率不同，用于销售订单未按时交货计算违约金费用，如某企业第二年第三季度订单未能按时交货，则跳第二年四季度时扣除违约金（订单收入×违约金比率）。在报表中表现为现金减少、营业外支出增加。

（3）税率：计算应交税费时的税率，不同规则所得税率不同。企业盈利时需缴纳税金，缴纳金额为税前利润×所得税税率25%；在报表中表现为现金减少、净利润减少。

注：缴纳所得税应当先弥补以前年度亏损，直至将亏损弥补完才需缴纳税费。

（4）碳中和费用：表示每中和一吨碳需要支付的现金，不同规则下的碳中和费用不同。在报表中表现为现金减少、综合费用增加。

注：中和掉的碳量不会增加企业可以排放的碳量，只用于计算碳排放率。

（5）咨询费：指用于购买其他企业信息需要花费的现金，表示购买一家企业信息需花费的资金，不同规则下咨询费不同。在报表中表现为现金减少、综合费用增加。

（6）生产线上限：表示本场实训中，最多能够购买的生产线数量。在报表中表现为现金减少、土地与设备或在建工程增加。

（7）材料紧急采购倍数：它用于紧急购买原材料，购买后立刻到货。购买价格为材料成本×材料紧急采购倍数，不同规则下，倍数不同。在报表中表现为现金减少、原材料成本增加。

（8）产成品紧急采购倍数：它用于紧急购买产成品，购买后立刻到货。购买价格为产品成本×产成品紧急采购倍数，不同规则下，倍数不同。在报表中表现为：现金减少、产品成本增加。

（9）初始碳排放量：它用于第一次分配时，为每个企业增加初始的碳排放量，即使所有组都不排放，在第三年分配时也能分配到初始的碳排放额度。

8. 取整规则（附表-6）

附表-6 取整规则

规则名称	规则值
贷款利息	向上取整
贴息	向上取整
违约金	四舍五入
税金	四舍五入
出售库存	向下取整

三、营销总监相关技术规则

1. 销售渠道规则（附表-7）

附表-7 销售渠道规则

渠道名称	开拓周期	需要资金/元
国内市场	1个季度	10 000
亚洲市场	3个季度	30 000
国际市场	5个季度	50 000

（1）销售渠道：指开拓新销售渠道，满足企业销售需求。

（2）渠道名称：指各销售渠道的名称。

（3）开拓周期：指开拓渠道时，需要经过开拓时间企业才能获得市场资质，只有获得市场资质后，才允许在该市场销售产品。

（4）需要资金：开拓渠道时需要支付的资金，为一次性费用，期间无需追加。

2. 产品资质规则（附表-8）

附表-8 产品资质规则

资质名称	申请时间	需要资金/元
P1	1个季度	10 000
P2	2个季度	20 000
P3	3个季度	40 000

（1）产品资质：用于研发新产品资质，满足企业生产需求。

（2）资质名称：各产品资质的名称。

（3）申请时间：申请时，需要经过一定时间企业才能获得产品资质，只有获得资质后才允许生产。

（4）需要资金：申请时，需要支付的资金，为一次性费用，期间无需追加；

3. ISO 资质规则（附表-9）

附表-9　ISO 资质规则

ISO 认证名称	认证周期	需要资金/元
ISO 9000	1 个季度	20 000
ISO 14000	2 个季度	40 000
ISO 27000	4 个季度	40 000

（1）ISO 资质：只有满足订单中 ISO 资质需求才能获取订单。

（2）ISO 认证名称：指 ISO 资质名称，不同的订单 ISO 资质需求不同。

（3）认证周期：认证时，需要经过认证周期企业才能获得 ISO 资质。

（4）需要资金：认证时，需要支付的资金，为一次性费用，期间无需追加。

4. 促销广告规则（附表-10）

附表-10　促销广告规则

市场名称	当前知名度	当前排名	操作
国内市场	0	1	投放
亚洲市场	0	1	投放
国际市场	0	1	投放

（1）促销广告：用于提升企业知名度，其比例为 1∶1，企业知名度越高，越有机会获得该市场中的订单。

（2）市场名称：不同市场内的订单不同，促销广告分市场投放。

（3）当前知名度：是指在本市场投放的广告额度，每个市场投放的广告只影响本市场。

（4）当前排名：默认为 1，随着其他企业投放促销广告当前排名上下浮动，也可通过投放促销广告的方式提高排名，排名第一的企业有优先分得订单权。

（5）操作：实施投放促销广告的按钮，可在竞单开始前多次投放，总额度依次累计增加。

注：只有拥有市场资质才有机会获得该市场的订单，促销广告有效期为一次竞单，竞单后知名度归零。

5. 竞单规则（附表-11）

附表-11　竞单规则

订单编号	市场	产品	特性需求	参考价/元	数量/个	交货期	账期	ISO要求	申报数量	操作
1	国内市场	P1	T1	3 000	3 000	4 个季度	2 个季度	ISO 9000	0	申报

（1）竞单：指参加订货会，所有企业共同竞单，根据分单规则来获取订单。

（2）订单编号：每张订单都有个编号，用于区分每张订单。

（3）市场：表示这张订单属于哪个市场，选单前应当获得这个市场的资质。

（4）产品：表示这张订单是对应哪个产品的需求。

（5）特性需求：表示这张订单是对应哪个特性的需求。

（6）参考价：本张订单的价格，申报时不得超过此价格。

（7）数量：本张订单的总价格，申报时不得超过此数量。

（8）ISO 要求：表示某订单对企业有 ISO 资质的要求，如申报本订单时企业应当拥有该资质。

（9）申报数量：为学生主动申报的数量。

（10）操作：点击申报后，填写申报价格和申报数量。

注：申报价格不得低于参考价的90%；申报数量不得超过订单中的数量。

（11）以企业为单位进行订单申报，可同时对所有市场、所有产品的订单进行申报。当多次对同一张订单申报时，系统只接受最新一次申报的数量和价格，若在申报时填写0，则表示取消该市场申报的订单。

（12）订单分配规则如下：

①申报分组

企业申报并不一定能入围，入围需要满足相关条件。

入围有三个条件：企业有订单中市场资质；企业有 ISO 资质；企业报价未超过参考价。每个订单会生成企业入围列表。

②标的分配

根据公式 $Y =$ ［知名度（等同于广告费）］ + ［市场占有率（初始值为1）×商誉值×（参考价-报价）］ + ［1 000×特性值（生产管理特性研发值）］，算出各队伍得分。

得分最高的队伍，可以获得所申报的全部数量；按照排名顺序分配，直到数量不足；当订单所剩数量不足分配时，只分配剩余数量；若 N 组分数相同时，分配顺位相同；当剩余数量 A 不满足其申报数量时，抽取其中最小的申报数量 M，每队分配 M 数量；若 A 还小于 $N×M$，则每队分配 A/N（向下取整）的订单。

6. 销售订单交付规则（附表-12）

附表-12　销售订单交付规则

订单编号	市场	产品	特性需求	总价/元	数量/个	交货期	账期	认证	成本	操作
1	本地市场	P1	T1	162 000	3	2个季度	1个季度	无	0	交货

（1）销售订单为企业在【竞单】中申请，系统完成分配后，企业所获取的订单。

（2）市场：表示这张订单属于哪个市场的订单。

（3）产品：表示这张订单是对应哪个产品的需求。

（4）特性需求：表示这张订单是对应哪个特性的需求。

（5）总价：表示这张订单的总价值。

（6）数量：表示这张订单的交货数量，不可拆分交货。

（7）交货期：表示订单的最晚交货季度，可提前交货但不可延后，如超过本季度，则视为违约；如第一年第二季度获得的交货期为2的订单，则必须在第一年第二季度交货，否则视为违约。

（8）账期：表示交货后需要经营这个季度后，企业能够收到这笔应收款。

（9）认证：表示这张订单对ISO资质的需求。

（10）成本：订单交货前成本为0，交货后显示交货的产品成本。

（11）操作：交货按钮，需严格按照订单中的产品、特性、数量进行交货，无法拆分交货。

四、生产总监操作相关规则

1. 设备管理规则（附表-13）

附表-13　设备管理规则

线型	传统线	自动线	智能线
安装时间/年	0	1	2
购买价格/元	50 000	100 000	200 000
生产时间/年	2	1	1
基础产量/个	30	20	20
转产时间/年	1	0	0
转产价格/元	5 000	5 000	0
残值/元	10 000	20 000	40 000
维修费用/元	1 000	2 000	5 000
初级技工/个	2	2	0
高级技工/个	1	1	1
碳排放量	40	20	10
折旧年限/年	4	4	4

（1）设备相关规则为企业购买设备时的规则，描述设备的安装与使用情况。

（2）安装时间：表示安装产线需要消耗的时间，购买生产线后需经过一段安装时间，才能使用生产线；如第一年第一季度购买安装全自动线，到第一年第二季度即安装完成，可以使用。

（3）购买价格：购买生产线的价格，为一次性价格，期间无需追加投资。

（4）生产时间：生产线生产需要耗费的时间，自生产线开产起，到产品下线入库的时间。

（5）基础产量：生产线的基础产量，为计算实际产量的基数。

（6）转产时间：生产线由一种产品转为另一种产品需要花费的时间，转产只能在停产状态下进行。

（7）转产价格：生产线转产时需要花费的资金，为一次性费用。

（8）残值：产线折旧到此价值时不再折旧，且出售时能够获得等于残值的现金。

（9）维修费用：生产线建成满一年即开始产生维修费用，第一年第一季度建成，第二年第二季度缴纳维修费，每年缴纳一次（第一年第四季度跳第二年第一季度时扣除）。

（10）初级技工、高级技工：使用不同生产线时，分别需要配置初级技工和高级技工的数量。

（11）碳排放量：使用生产线生产一次产生的碳排放量。

（12）折旧年限：为生产线需要折旧的年限。生产线建成满一年即开始折旧，第一年第一季度建成，则在第二年第一季度计提折旧，折旧=（产线净值-残值）/折旧年限，每年计提折旧。

（13）开产：须拥有产品资质、充足的原材料、停产状态、配置好工人、BOM更新完成、现金充足才能开产成功。

①开产时，支付计件工资和开产费。

②计件工资=实际产量×（初级技工计件工资×初级技工数量+高级技工计件工资×高级技工数量）。

③在制品成本=［原材料成本+工人月薪×生产周期（月）+计件工资+开产费］（如传统线的生产周期为2，则应当按6个月计算）。

④开产费从产品规则表中查看，规则中为单件产品花费的开产费。

2. 人工管理规则（附表-14、附表-15）

附表-14　人工管理规则（1）

线型	安装日期	基础产量/个	状态	产品标识	班次/小时	初级技工/人	高级技工/人	实际产量/个	操作
传统线	第一年第二季度	80	停产	P1	8	2	1	142	保存

附表-15　人工管理规则（2）

班次名称	产量加成/倍	效率损失/%
8时制	1	2
12时制	1.2	50

（1）每次生产时，须先进行工人配置，参照规则在对应的生产线配置工人和班次。

（2）状态：分为停产、开产和转产，只有停产状态下才能配置班次和工人。

（3）班次：选择工人生产班次。

（4）初级技工、高级技工：选择与产线规则要求相等的工人数量。

（5）实际产量：按规则要求配置的工人数量和种类，二者一致时点击保存则出现实际产量，与规则要求不符则实际产量为0；实际产量=基础产能×（1+初级技工效率/4+高级技工效率）×班次加成（如出现小数向下取整）。

（6）操作：班次和工人配置成功后，点击【保存】。

（7）招聘需求填报：填写需要招聘的工人种类和数量，保存后生成数据传送到人力资源总监处。

3. 库存管理规则（附表-16）

附表-16　库存管理规则

材料名称	基础价格/元	数量/个	送货周期/季度	账期/季度
R1	300	50 000	1	0
R2	300	50 000	1	0
R3	300	50 000	1	0
R4	300	50 000	1	0

（1）库存管理分为原料订单、原料库存、产品库存三个模块。

（2）基础价格：指购买单件材料需要支付的价格。

（3）数量：指初始材料数量，随着企业的购买逐渐减少，每季度刷新恢复到初始数量。

（4）送货周期：订购的原材料需要经过一定的送货周期才能完成收货。

（5）账期：原材料收货后，需要经过一定的时间才会支付材料费。

（6）对报表的影响：原材料、短期负债增加。

（7）支付时，对报表影响：现金减少、短期负债减少。

（8）原料库存：展示企业拥有的原材料数量；在库存中可对材料进行出售，出售时获得原料价值80%的货款（出现小数时向下取整）。

（9）产品库存：展示企业拥有的产品数量；可对产品进行出售，出售时获得产品价值80%的货款（出现时小数向下取整）。

4. 产品图纸规则（附表-17）

附表-17　产品图纸规则

产品名	碳排放量	开产费用/元	开产成本/元	R1/个	R2/个	R3/个	R4/个
P1	4	0	10 000	1	1	0	1
P2	3	0	15 000	1	2	1	1
P3	2	0	20 000	2	1	2	2

（1）产品图纸：用于查看产品的构成。

（2）碳排放量：指为生产单件产品产生的碳排放量。

（3）开产费用：用于生产单件产品需支付的费用；如这里有值，则产品成本=原材料费用+计件工资+工人工资+开产费。

（4）开产成本：用于计算紧急采购产品的成本；如P1为10 000元，紧急采购倍数为4，则紧急采购1个P1的成本为40 000元（此成本不代表实际的产品成本，仅用于计算紧急采购的产品成本）。

（5）R1、R2、R3、R4：表示生产所需用到的原材料个数，此个数为单件产品的材料数量。

5. 设计管理规则（附表-18）

附表-18　设计管理规则　　　　　　　　　　　　单位：元

特性名称	设计费用
T1	1 000
T2	1 000
T3	1 000

（1）与产品搭配使用，设计出最新的 BOM 表。

（2）设计费用：指设计此特性时，需要花费的资金。

（3）设计完成生成新的版本号，每次设计需重新支付设计费用（无论之前是否设计过）。

6. 特性研发管理规则（附表-19）

附表-19　特性研发管理规则

特性名称	初始研发值	当前研发值	单位研发费用/万元	研发上限/万元
T1	1	1	1 000	100
T2	1	1	2 000	100
T3	1	1	3 000	100

（1）特性研发管理：用于提升企业特性等级，有助于企业获得订单。

（2）初始研发值：默认的研发值。

（3）当前研发值：展示当前经营状况中企业的研发值。

（4）单位研发费用：表示每提高 1 个研发值，需要花费的资金。

（5）研发上限：表示每种特性最高的研发等级，研发的产品等级不可超过此等级。

五、人力资源总监相关技术规则

1. 招聘管理规则（附表-20）

附表-20　招聘管理规则

名称	初始期望工资/元	计件工资/元	每季度数量/人	效率/%
初级技工	1 000	50	40	60
高级技工	1 800	100	40	70

工人招聘时的规则如下：

（1）初始期望工资：表示工人平均的月薪，市场中的工人月薪以此规则为基础，上下浮动。

（2）计件工资：表示工人生产时，单件产品的计件工资。

（3）每季度数量：市场中初始的工人数量，假设第一年二季度招了 4 位初级技工和

5 位高级技工，则在第一年三季度的工人数量仍会恢复到初始。

（4）效率：表示工人的平均效率，市场中工人效率一般会在 20%上下浮动。

（5）录用：企业给工人制定薪酬，工人是否入职规则如下：

①设公司提供的薪资为 X；

②当 $X/M<70\%$ 时，工人一定不会入职；

③当 X/M 取值为 70%~100%时，工人随机入职，M 取值为开出的期望工资和中位工资孰低计量；

④当 $X/M \geqslant 100\%$ 时，工人一定会入职。

（6）录用完成后可修改工人薪资，以最后一次录入的薪资为准。

（7）录用完成后，工人会在下一季度入职，入职后的下一季度发放薪资。

注：【人力资源市场】无竞争，工人不会随各企业提供的薪资不同而择优入职。

2. 员工管理规则

（1）员工管理规则用于管理工人，为工人发放薪资和决定是否解聘工人。

（2）工人状态：工作中（表示工人正在生产中）、培训中（表示员工正在接受培训）、空闲。

（3）统一发薪：一键发放所有工人的工资（月薪×3）。

（4）解雇：解雇时需要支付赔偿金，赔偿金＝（N+1）×月薪。N＝员工入职年限，向上取整。只有在【空闲】状态的工人可被解聘。若解聘时，工人时，处于欠薪状态，需要支付欠薪。

（5）若一季度未主动给工人发放薪资，工人的工作效率会减半，持续两个季度未主动给工人发放薪资，工人会自动离职，并且系统将强制扣除等同于解聘的赔偿金。

3. 培训管理规则（附表-21）

附表-21　培训管理规则

培训名称	消耗现金/元	消耗时间/季	原岗位	培训后岗位	工资涨幅/%
升级培训	2000	1	初级技工	高级技工	100

（1）培训管理：指为提升工人等级，对低等级员工进行培训。

（2）消耗现金：表示培训一位工人需要花费多少资金，为一次性费用。

（3）消耗时间：表示培训工人需要消耗多长时间，经过这一段时间后工人等级提升。

（4）工资涨幅：表示培训后工人的工资涨薪比例，工人效率不变。

注：只有状态为空闲的初级技工能够参加培训，培训期间无法上工生产。

4. 激励管理规则（附表-22）

附表-22　激励管理规则

激励名称	提升效率比例/%
奖金激励	50
涨薪	100

（1）激励管理：用于提升工人的工作效率，分为奖金激励和涨薪激励两种方式。

（2）奖金激励：奖金激励费为一次性费用，须立即支付，对薪资无影响。

（3）涨薪：涨薪方式为增加工人的月薪，所以涨薪后不会直接支付费用，自涨薪季度起，之后每月月薪都需加上涨薪金额。

（4）提升效率比例：表示每1万元所提升的工人效率，如给某工人涨薪10 000元，则该工人的效率提升到200%；如果想通过涨薪的方式给某工人提升1%的效率，则需给该工人涨50元的薪资（出现小数时向上取整）。

六、财务总监相关技术规则

1. 融资管理规则（附表-23）

附表-23　融资管理规则

贷款名称	额度上限/倍	贷款时间/季	还款方式	利率/%
直接融资	3	1	本息同还	5
短期银行融资	3	4	本息同还	8
长期银行融资	3	8	每季付息，到期还本	3

（1）融资管理：指企业为了筹措和集中生产经营所需资金而进行的财务管理活动。

（2）额度上限：表示贷款的最高额度，贷款上限＝上年所有者权益×额度上限（倍）。

（3）贷款时间：表示贷款后，需要经过多久的时间（季）才需要偿还贷款。

（4）还款方式有以下两种：

①本息通还：表示贷款到期时一次性支付本金和利息。

②每季付息，到期还本：表示贷款期间需每季度支付利息，到期后偿还本金。

（5）利率：用于计算贷款利息。

（6）对报表的影响：现金增加、长期借款或短期借款增加。

2. 应收账款管理规则

（1）应收账款：指交付订单后产生的应收款项，到期后可直接收款。

（2）若应收账款未到期，可参照贴现规则进行贴现（附表-24）。

附表-24　贴现规则

名称	收款期/季	贴息/%
4季贴现	4	7
3季贴现	3	5
2季贴现	2	3
1季贴现	1	2

①贴现：指企业立刻能获得款项的一种方式，须支付一些贴息就能即刻获得现金。

②收款期：表示这笔货款，还需经过这一段时间才能收款（需主动收款）。

③贴息：是指债权人在应收账期内，贴付一定利息提前取得资金的行为。不同应收账期的贴现利息不同，如第三季度贴现 10 000 元，则需支付 10 000×5%＝500（元）的贴息（出现小数时向上取整）。

3. 应付账款管理规则

（1）应付账款：指原材料的货款，原材料收货后生成应付账款，企业应当及时缴纳。

（2）应付账款可提前支付，但不可延期，延期后系统将强制扣除。

4. 费用管理规则

缴纳日常费用，如管理费、贷款本金和贷款利息等。

（1）管理费：从规则表中查看，规则中为月度管理费，缴纳时应注意，要乘以 3。

（2）贷款本金：为企业申请的贷款，到期后需要支付的本金。

（3）贷款利息：为企业贷款的利息（出现小数时向上取整）。

5. 预算控制规则（附表-25）

附表-25　预算控制规则

部门	上季度预算/元	上季度使用/元	上季度使用率/%	本季度预算/元
市场营销部	1 000	500	50	3 000
生产设计部	1 000	500	50	3 000
人力资源部	1 000	500	50	3 000

（1）预算控制：用于管理各个部门的预算规则制度。

（2）上季度预算：表示该部门上季度发放的预算额度是多少。

（3）上季度使用：表示该部门上季度实际使用的预算额度是多少。

（4）上季度使用率：由上季度使用/上季度预算计算得出，有如下规则：

①若上季度预算使用率<80%、>120%，则扣除企业 10 000 分。

②只有预算使用率在 80%~120% 时，才不会扣企业得分。

（5）本季度预算：项目总监为各个部门发放的预算使用额度，每季度应当先发放预算，否则其他总监无法花费资金。

（6）预算额度用完时，可再次向项目总监申请预算，待审批通过后即可使用新拨的资金。

注：运营总监收货时，虽然未实际支付材料款，但属于运营总监的费用，故发放预算时应当计算在内。

6. 财务报表规则

（1）每年第四季度开启，填写后提交，系统自动判断正误。

（2）提交后其他任务锁定，只能查看、不能操作。

（3）交税前先弥补以前年度亏损，弥补完成后直接按税率缴纳税金（四舍五入），具体税率参见规则表。

7. 财务指标规则

（1）提交完报表后开启，填写后提交，系统自动判断正误。

（2）提交意指本年度结束。

（3）流动比率=（现金+应收账款+在制品+产成品+原材料）/（短期负债+其他应付款+应交税费）。

（4）速动比率=（现金+应收账款）/（短期负债+其他应付款+应交税费）。

（5）资产负债率=负债总额/资产总额。

（6）产权比率=负债总额/所有者权益总额。

（7）营业净利率=（销售收入-直接成本-综合管理费用）/销售收入。

（8）成本费用利润率=（销售收入-直接成本-综合管理费用±营业外收支）/（直接成本+综合管理费用+财务费用）。

（9）资产报酬率=支付利息前利润/［（期初资产总计+期末资产总计）/2］。

（10）净资产收益率=净利润/［（期初所有者权益+期末所有者权益）/2］。

（11）营业收入增长率=（本年销售收入-上年销售收入）/上年销售收入。

（12）资本保值增值率=年末所有者权益/年初所有者权益。

（13）总资产增长率=（本年资产总计-上年资产总计）/年初资产总额。

（14）存货周转率=销售成本/［（期初在制品+期初产成品+期初原材料+期末在制品+期末产成品+期末原材料）/2］。

（15）存货周转天数=365/存货周转率。

（16）应收账款周转率=销售收入/［（期初应收账款+期末应收账款）/2］。

（17）应收账款周转天数=365/应收账款周转率。

（18）现金周转期=应收账款周转天数+存货周转天数-365/［销售成本/（期初材料应付款+期末材料应付款）/2］。

注：括号内除不尽的值先保留两位小数，再进行下一步计算（四舍五入）。

七、数字化建设相关规则

1. 财务数字化

（1）风险监控

【风险监控】下有9个财务指标，即【资产负债率】【速动比率】【已获利息倍数】【现金总资产比】【存货周转率】【应收账款周转率】【净资产收益率】【营业利润比重】【主营业务利润率】。各财务指标反映不同的财务状况，当指标外框变红时，表示该企业此项风险过高，应当马上降低。当指标外框变黄时，表示该指标存在轻微风险，应当注意。当指标外框变绿时，表示该指标正常。

（2）财务大数据

在【财务大数据】下可查看企业【总收入】【总成本】【总利润】【权益】【费用结构】【各企业净利润对比】【资金来源统计】【各季度总预算使用情况】【收入和资金需求】【资产构成】，便于分析本企业与其他企业的财务状况，便于制定战略。

（3）财务RPA

在财务总监—应付账款页面，有一个【一键付款】按钮，可通过流程自动化（RPA）机器人批量支付本季度或全部应付账款。

2. 人力数字化

（1）智能招聘

在智能招聘中，上半部分显示人力资源需求，点击【智能筛选】按钮，进行按需筛选，原则如下：

第一，效率优先原则，筛选出来的结果，效率大于等于需求值。

第二，数量最多展示 8 个，可点击更多，展示所有符合要求的人员。

第三，智能招聘节省了人力资源总监招聘工人的时间，简化人力资源总监工作。

第四，发放薪资时可参照薪资推荐，为工人发放中位工资。

（2）人力大数据

人力大数据中可查看【总人数】【本年工资支出累计】【平均工龄】【人均工资】【岗位类别结构】【各企业平均工资】【人力资源现状】【各季度人员增长情况】【每季度计件工资和固定工资】【人力资源费用结构】，可根据人才市场现状，调整及聘用员工，可降低人工成本。

（3）人力资源 RPA

一键激励：企业可直接选择要激励的工人种类和想要达到的效率，点击【确定】后，RPA 机器人会自动算出费用，自动涨薪或进行奖金激励。

3. 生产数字化

（1）智能生产

智能生产如同一个自动化脚本，会自动帮用户进行生产，另外还有以下特点：

第一，工厂一旦进入数智化时代，所有材料的送货周期为 0，所有产线的转产周期为 0，且转产不需要支付转产费。

第二，在每条生产线上选择一种产品，点击【开启智能生产】，产线自动更新最新的 BOM 表，配置效率最高的工人，自动购买原材料。智能生产不会持续进行，每季度都需要操作一次（智能生产并非持续功能）。

第三，当出现以下任一情况时，无法开启自动生产：

①企业现金、预算不足。

②工人不足。

③市场无法提供足够的材料。

④无图纸。

⑤无产品资质。

（2）生产大数据

在生产大数据看板中可查看【上季度产能】【产线数量】【工人数量】【原料库存】【产品生产结构】【各企业产线数量对比】【各特性的特性值对比】【各季度总产能】【各季度出库入库产品数量】【资产构成】。可依照大数据调整订单价格，以合理安排产能。

4. 营销数字化

（1）网络营销

①【网络投放】可针对不同产品进行投放，每个产品输入两个值【定价】【投放数

量】（应输入正整数）；【定价】不可高于本产品原材料成本的 5 倍，不可低于本产品原材料成本；【投放数量】不得超过现有库存量。

②可在【新媒体广告】中输入投放金额（正整数），该金额转化为等量的热度值；【会员指数】代表会员数量，其公式为会员指数=热度×商誉×引流参数×0.000 1，向下取整（引流参数可参照规则表，如附表-26）。

附表-26　引流参数规则

引流参数	引流名称
0.5	吸引会员

（2）零售市场规则示意（附表-27）

附表-27　零售市场规则

季度	目标产品	单价承受能力/元	看重特定	每季购买数量/台
6	小羊摩托	5 000	酷炫外形	2 000
6	小羊摩托	5 100	领先科技	2 000
8	小羊摩托	5 000	酷炫外形	2 000
8	小羊摩托	5 100	领先科技	2 000
10	小羊摩托	5 200	酷炫外形	2 000
10	小羊摩托	4 900	领先科技	3 000
10	小羊电动	7 300	结实耐用	3 000
10	小羊电动	7 200	领先科技	3 000

①根据企业上架的种类，决定去满足哪些市场需求。

②【单价承受能力】是指用户在零售市场销售产品可承受的最高价格。

③企业在申请订单时，所输入的价格应具备以下两个条件：

一是不应高于【单价承受能力】中所列的价格；二是定价的取值范围：设 M＝该产品图纸的原料价值之和（从规则表里读取），输入范围为 $M \sim 5M$。

④根据会员指数得出【零售指数】，零售指数 Y＝会员指数×（单价承受能力-定价）×0.01。

⑤根据各队的上架量，得出【竞争指数】。

当零售指数小于等于上架量，则竞争指数=零售指数；当零售指数大于上架量，则竞争指数=上架量。

⑥根据入围队伍的【竞争指数】，计算出【销量】。

若各队伍的竞争指数之和，小于等于市场需求数量，则销量=竞争指数；若各队伍的竞争指数之和，大于市场需求数量，则按照比例进行分配（向下取整），得出【销量】。

⑦季度跳转时，自动扣除等同于实际销量的相应产品，入库日期早的优先。

（3）营销大数据

营销大数据模块可查看本季度【总销售额】【上季度销售额】【零售销售额】【上季度零售销售额】【销售结构】【各企业销售额对比】【资金来源统计】【各季度销售额】【各季度销售额和成本】【市场占有率】等多个板块；各板块可看到其他企业的经营情况，便于参赛团队利用更多资源制定企业经营战略。

详细说明

1. 本次竞赛技术文件最终解释权归大赛组委会所有，技术文件中所涉及的参数用于说明，非大赛具体的规则，具体规则文件另行下发；

2. 竞赛过程中以系统数据为准。

附：决赛规则

2023 年四川省大学生数智化企业
沙盘模拟经营大赛省决赛规则

一、质量认证

有关质量认证相关信息规则见附表-28。

附表-28　质量认证相关信息规则

认证名称	消耗金钱/元	消耗时间/季
ISO 9000	20 000	1
ISO 14000	40 000	2
ISO 27000	40 000	4

二、市场开拓

有关市场开拓相关信息规则见附表-29。

附表-29　市场开拓相关信息规则

市场名称	消耗金钱/元	消耗时间/季
国内市场	10 000	1
亚洲市场	30 000	3
国际市场	50 000	5

三、产品设计

有关产品设计相关信息规则见附表-30。

附表-30　产品设计相关信息规则

特性名称	成本加成	设计费用/元	升级单位成本/元	初始值	上限
T1	0	1 000	500	1	100
T2	0	1 000	1 000	1	100
T3	0	1 000	1 500	1	100

四、原材料

有关原材料相关信息规则见附表-31。

附表-31　原材料相关信息规则

材料名称	基础价格/元	数量/个	送货周期	账期
R1	300	500 000	1	0
R2	300	500 000	1	0
R3	300	500 000	2	0
R4	300	500 000	2	0

五、产品图纸

有关产品图纸相关信息规则见附表-32。

附表-32　产品图纸相关信息规则　　　　　单位：元

产品名	碳排放量	开产费用/元	产品成本/元	R1	R2	R3	R4
P1	4	0	10 000	1	1	0	1
P2	3	0	15 000	1	2	1	1
P3	2	0	20 000	2	1	2	2

六、产品生产资质

有关产品生产资质相关信息规则见附表-33。

附表-33　产品生产资质相关信息规则

产品名称	消耗时间/季	消耗金钱/元
P1	1	10 000
P2	2	20 000
P3	3	40 000

七、引流参数

有关引流参数见附表-34。

附表-34　引流参数

引流参数	引流名称
0.5	吸引会员

八、生产线

有关生产线相关规则见附表-35。

附表-35　生产线相关规则

线型	传统线	自动线	智能线
安装时间/年	0	1	2
购买价格/元	50 000	100 000	200 000
生产时间/年	2	1	1
基础产量	30	20	20
转产时间/年	1	0	0
转产价格/元	5 000	5 000	0
残值/元	10 000	20 000	40 000
维修费用/元	1 000	2 000	5 000
初级技工/个	2	1	0
高级技工/个	0	1	1
碳排放量	40	20	10
折旧年限/年	4	4	4

九、资产处理

有关资产处理相关规则见附表-36。

附表-36　资产处理相关规则

资产名称	处理价格
产品	0.8（产品成本 * 0.8）
原料	0.8（原料成本 * 0.8）

十、工人招聘

有关工人招聘相关规则见附表-37。

附表-37　工人招聘相关规则

名称	初始期望工资/元	计件/个	每季度数量/个	效率/%
初级技工	1 000	50	40	60
高级技工	1 800	100	40	70

十一、工人培训

有关工人培训相关规则见附表-38。

附表-38　工人培训相关规则

培训名称	消耗现金/元	消耗时间/季	原岗位	培训后岗位	工资涨幅/%
升级培训	2 000	1	初级技工	高级技工	100

十二、贷款规则

有关贷款相关规则见附表-39。

附表-39　贷款相关规则

贷款名称	额度上限/倍	贷款时间/季	还款方式	利率/%
直接融资	3	1	本息同还	5
短期银行融资	3	4	本息同还	8
长期银行融资	3	8	每季付息，到期还本	3

十三、贴现规则

有关贴现相关规则见附表-40。

附表-40　贴现相关规则

名称	收款期/季	贴息/%
4季贴现	4	7
3季贴现	3	5
2季贴现	2	3
1季贴现	1	2

十四、基本规则

有关基本规则见附表-41。

附表-41　基本规则

规则名称	规则值
违约金	40
税率	25
碳中和费用	20
咨询费	10 000
管理费	5 000
生产线上线	16
材料紧急采购倍数	2
产成品紧急采购倍数	3
初始碳排放量	3 000

十五、班次规则

有关班次规则见附表-42。

附表-42　班次规则

班次名称	产量加成/倍	效率损失/%
8 时制	1	2
12 时制	1.2	50

十六、员工激励

有关员工激励相关规则见附表-43。

附表-43　员工激励相关规则

激励名称	提升效率比例/%
奖金激励	50
涨薪	100

十七、数字化

有关数字化相关规则见附表-44。

附表-44　数字化相关规则

岗位名称	消耗金钱/元	消耗时间/季
营销总监	50 000	8
生产总监	50 000	8
人力总监	50 000	8
财务总监	50 000	8

十八、初始资产负债

有关初始资产负债见附表-45。

附表-45　初始资产负债　　　　单位：元

现金	700 000	长期负债	0
应收款	0	短期负债	0
在制品	0	其他应付款	0
产成品	0	应交税费	0
原材料	0	负债合计	0
流动资产合计	700 000	股东资本	700 000
土地与设备	0	利润留存	0
在建工程	0	年度净利	0
固定资产合计	0	所有者权益合计	700 000
资产总计	700 000	负债和所有者权益合计	700 000